corre sin límites

GUÍA PARA CORREDORES

Del *coach* de Chistopher McDougall,
autor de *Nacidos para correr*

corre
sin límites

GUÍA PARA CORREDORES

ERIC ORTON

Planeta

Título original: *The Cool Impossible*

Traducción: Gerardo Hernández Clark
Todas las fotografías son cortesía del autor. El autor desea agradecer a Flo McCall por las fotografías en el capítulo 3 y a Addie Hare por las fotografías en el capítulo 4
Diseño de portada: Jorge Garnica / La Geometría Secreta
Fotografía de portada: © Shutterstock

Derechos exclusivos mundiales en español
Publicada mediante acuerdo con Eric Orton
c/o Waxman Literary Agency. New York, NY, Estados Unidos

© 2014, Editorial Planeta Mexicana, S.A. de C.V.
Bajo el sello editorial PLANETA M.R.
Avenida Presidente Masarik núm. 111, 2o. piso
Colonia Chapultepec Morales
C.P. 11570, México, D.F.
www.editorialplaneta.com.mx

Primera edición impresa en México: enero de 2014
ISBN: 978-607-07-1969-1

Primera publicación por New American Library,
una división de Penguin Group (USA) Inc.
Primera edición en inglés: mayo de 2013

Impreso en los talleres de Litográfica Ingramex, S.A. de C.V.
Centeno núm. 162, colonia Granjas Esmeralda, México, D.F.
Impreso en México – *Printed in Mexico*

Para Angel:

¡Asciende en la vida, calabaza!

Para Michelle:

¡Por ti, mi pasión cobró vida y todo se hizo posible!

AGRADECIMIENTOS

No podría empezar más que por el principio: gracias a mis padres por su amor y apoyo incondicional y por nunca preguntar por qué. Papá, gracias por enseñarme que «el *no puedo* nunca logró nada».

A todos mis atletas; este libro es obra de ustedes y no hubiera sido posible sin nuestra colaboración. Un reconocimiento muy especial a Terry Hong, Margot Watters, Jenn Sparks, Annie Putnam, George Putnam y Keith Peters por su compromiso de largo plazo y su confianza en mi entrenamiento, y por influir profundamente en mi hazaña increíble.

Gracias a mis entrenadores Nugent, Havens y Schlageter por las lecciones de vida que me enseñaron en el emparrillado hace tantos años. Sigo aprovechándolas prácticamente todos los días. Y a todos mis entrenadores —¡han sido muchos a lo largo de los años!— que me enseñaron la importancia de los fundamentos, la técnica, la repetición y la práctica perfecta.

A Paul Knutson; te agradezco que me hayas enseñado el camino; corre en paz, amigo mío. A Patrick Kelly; tus llamadas de despertador a las cinco de la mañana son la materia con que están hechas las hazañas increíbles. Aprecio todas las veces que hemos corrido, nadado, conducido y caminado en nieve.

A Christopher McDougall; tu búsqueda incansable de la verdad es inspiradora. Muchas gracias por tu dedicación y confianza y por no creer en los «no deberías» ni en los «no naciste para». ¡A cortar troncos por siempre!

A Neil Bascomb; el momento oportuno lo es todo. Gracias por ser el director del ultramaratón de mi hazaña increíble. Tu dirección y guía la hicieron posible; ¡yo jamás habría corrido así de rápido y de bien sin ti! Y tu libro *The Perfect Mile* es una gran inspiración para mí.

A Scott Waxman, mi agente; gracias por ser mi entrenador en el sendero editorial y por brindarme orientación y soluciones oportunas cuando el camino se hacía empinado y rocoso. Me animaste a seguir mi voz auténtica y eso me dio la confianza que necesitaba como autor principiante.

A Claire Zion, mi editora, gracias por conducir este proyecto con mano firme y por mostrarme el camino correcto hacia la línea de meta.

A Micah True, alias Caballo Blanco, por mostrarnos a todos cómo vivir nuestra hazaña increíble. Corre en libertad. Y gracias a los Más Locos de todo el mundo, por mantener vivo el sueño de Caballo.

Y finalmente a ustedes, mis lectores: gracias por emprender este viaje conmigo. Les deseo el mayor de los éxitos en sus carreras y en sus hazañas increíbles. Asimismo, quiero pedirles su ayuda, desafiarlos y animarlos a que participen en mi hazaña increíble, a que busquen y ayuden a corredores novatos. Inspiren a otras personas para que empiecen a correr; compartan con ellas sus conocimientos; ofrézcanse a acompañarlas en sus días de recuperación. Forjemos juntos un mundo de corredores.

PRÓLOGO

por Christopher McDougall

ME AVERGÜENZA DECIRLO, pero fue hasta hace poco que comprendí verdaderamente lo que Eric Orton me ha estado diciendo desde el día en que nos conocimos. Es el caso clásico del árbol que no te deja ver el bosque, solo que aquí el bosque era muy extraño y había una mujer desnuda corriendo por ahí. Como comprenderás, todo resultaba muy confuso.

En primera instancia conocí a la mujer. En el verano de 2005, un amigo que había sido guardabosques nos invitó a mí y a cuatro amigos suyos a una excursión para correr 80.5 kilómetros en tres días en la zona protegida del Río Sin Retorno, en Idaho. Un arriero transportaría nuestros equipo y alimentos, así que todo lo que nosotros seis debíamos hacer era concentrarnos en correr 24 kilómetros por día, de campamento a campamento.

Era una oferta demasiado atractiva como para rechazarla, aunque para entonces yo era prácticamente un excorredor. Durante los últimos años había estado fuera de circulación debido a una serie de lesiones, y tres médicos diferentes me habían advertido que las lesiones por impacto eran inevitables en personas de 109 kg y 1.95 m de altura, como yo. Irónicamente, en aquella época yo escribía para la revista *Runner's World,* así que no puedo decir que estaba desinformado en temas como la prevención de lesiones o el entrenamiento. Puse en práctica todos los consejos que pueden encontrarse en las revistas para corredores: estiramientos, entrenamiento cruzado, renovar cada cuatro meses mis zapatos deportivos de 150 dólares, plantillas personalizadas moldeadas con calor, e incluso sumergir los pies en agua helada después de correr. Pese a todo esto, era solo cuestión de meses para que empezara a sentir intensas punzadas que partían de mis rodillas, talones, parte posterior del muslo o tendones de Aquiles.

Por fortuna, cuando recibí la invitación a Idaho atravesaba por un periodo de bienestar, así que dije: «Claro, cuenta conmigo». La primera mañana corrí detrás de una exguardabosques llamada Jenni Blake. Pasaba sobre los árboles caídos como el aire, apenas tocando los troncos con un golpecito del zapato, uno tras otro, sin perder el paso. Su postura al correr, que involucraba el cuerpo entero, fue para mí una revelación: extendía ampliamente los brazos en las pendientes para equilibrarse, giraba las caderas como bailarina de salsa en senderos zigzagueantes, flexionaba decididamente las rodillas al llegar a un terreno pedregoso y lo cruzaba agitándose vigorosamente hasta que salía del otro lado. Su agilidad y fortaleza eran tan impresionantes que me sorprendí al saber que durante la primera mitad de su vida, Jenni no había hecho deportes.

«La verdad es que yo no sabía nada de bosques hasta que llegué a Idaho», me contó Jenni durante un receso de la carrera. «Cuando estaba en la universidad era bulímica y tenía una autoimagen terrible, pero aquí me encontré a mí misma».

Había llegado como voluntaria durante las vacaciones de verano y de inmediato la lanzaron al ruedo: la cargaron con una sierra de leñador, un hacha Pulaski y comida deshidratada para dos semanas, y le señalaron el camino hacia el bosque con la instrucción de despejar los senderos. Casi se desploma bajo el peso de la mochila, pero se guardó sus dudas y partió, sola, rumbo al bosque.

Al cabo de unos días, Jenni comprobó con sorpresa que su cuerpo, al que siempre había odiado, era lo suficientemente fuerte para balancear el hacha y apartar del sendero un pino caído. Le costó trabajo contener una sonrisa sudorosa cuando llegó a la parte más alta de la cresta del Mosquito y contempló la pendiente de

1.6 kilómetros que acababa de escalar. Y cuando se cruzó en el camino de un alce que merodeaba por ahí, hizo otro descubrimiento: era rápida. La bestia saltó súbitamente de entre la espesura y, antes de que Jenni tomara consciencia de lo que hacía, sus piernas la llevaron por el sendero en dirección opuesta a las astas que intentaban embestirla. Luego de un rato, el alce se dio por vencido; Jenni estaba aterrorizada, exhausta… y feliz.

A partir de entonces, no podía esperar para salir de su tienda al amanecer. Se ponía sus tenis y nada más, y corría grandes distancias al tiempo que el sol calentaba su cuerpo desnudo. «Permanecía en el bosque yo sola durante semanas», me contó Jenni. «Nadie me veía, así que simplemente seguía y seguía. Era la sensación más maravillosa que puedas imaginar». No necesitaba reloj ni ruta; calculaba su velocidad con base en el cosquilleo del viento en sus mejillas, y corría por los senderos llenos de espinas hasta que sus piernas y pulmones le suplicaban que volviera al campamento. Jenni pagaba el precio de sus carreras sin ropa unas horas más tarde, cuando sus muslos empezaban a temblar durante sus largas caminatas. No obstante, sus carreras eran cada vez más largas; este nuevo romance con su cuerpo era demasiado emocionante como para renunciar.

Jenni no ha dejado de correr intensamente desde entonces. Ella y su mejor amiga, Nancy Hatfield, son líderes de un imparable equipo de corredoras. Cuando hay una tormenta de nieve, salen antes que los quitanieves a las calles de su ciudad, McCall, en Idaho, y abren sus propios caminos entre la nieve.

«¡Las carreras invernales son las mejores!», intervino Nancy, quien iba también a la excursión. Al igual que Jenni, Nancy es prueba viviente de que correr varios kilómetros por día no tiene por qué dejarte lisiado; a sus 47 años, corre como nadaría una sirena en el mar, con su cabello castaño cayendo en cascada sobre su espalda, sus piernas rápidas y al mismo tiempo relajadas, e incluso un *piercing* color azul titilando en el ombligo.

Sin embargo, aquella excursión sí me dejó lisiado. Cuando llegué a la última pendiente por bajar, al final del tercer día, el dolor era tal que apenas podía caminar. Los talones me punzaban y tenía ambos tendones de Aquiles inflamados. Llegué cojeando al río, me senté y empecé a preguntarme cuál sería mi problema. ¿Cómo es que dos mujeres de mediana edad podían recorrer kilómetro tras kilómetro, año tras año, sobre tierra, nieve y asfalto, y yo no podía correr unos pocos meses sin desmoronarme?

Obviamente, tenía la respuesta frente a mis ojos, ahí en el bosque. Es solo que no sabía qué estaba buscando.

Unas semanas después del fiasco de Idaho, la revista *Men's Journal* me pidió entrevistar a un entrenador de deportes extremos que trabajaba en Jackson Hole, Wyoming. El editor estaba intrigado porque la especialidad de Eric era descomponer los deportes de resistencia en sus elementos constitutivos y buscar técnicas transferibles a otras disciplinas. Por ejemplo, estudiaba la escalada en piedra buscando movimientos de hombros útiles para el canotaje, o aplicaba la delicada propulsión del esquí nórdico al ciclismo de montaña.

Cuando me reuní con Eric en Denver, descubrí que lo que en realidad busca son principios básicos de ingeniería; está convencido de que el próximo avance importante en el ámbito del acondicionamiento físico no vendrá del entrenamiento ni de la tecnología sino de la técnica: el atleta que logre evitar las lesiones será el que deje atrás a sus competidores. Curiosamente, ninguna otra actividad deportiva ofrecía tantas oportunidades de mejoramiento como correr. Por ser uno de los deportes más antiguos y populares, uno pensaría que para estas alturas ya estaría perfeccionado, pero correr se ha convertido en una práctica de alto riesgo. Cada año, más de 50 por ciento de los corredores resulta lesionado, y se sabe que ha sido así por lo menos desde la década de 1970, cuando por primera vez se recabó información sobre las lesiones en corredores. Así pues, yo era la regla y no la excepción. Si alguien fuera capaz de eliminar ese factor de riesgo podrían lograrse enormes avances no solo en el desempeño sino también en la participación. Imagina los millones de personas que querían correr y no pudieron debido a las lesiones, y los otros millones que escucharon historias acerca de rodillas destrozadas y no se atrevieron a intentarlo siquiera, todos liberados por fin del dolor y del miedo.

No obstante, para Eric el único misterio era por qué el asunto resultaba tan misterioso: si cambias lo que hace tu cuerpo, cambiarás lo que le pasa a tu cuerpo. A su manera de ver, si correr te produce lesiones, el paso más lógico es cambiar tu manera de correr.

«Todo mundo cree que sabe correr, pero en realidad es una actividad tan compleja como cualquier otra», me dijo Eric. «Si preguntas a la gente, la mayoría te dirá: "Uno simplemente corre y ya". Eso es absurdo. ¿Acaso uno simplemente nada y ya?». En todos los demás deportes la instrucción es fundamental; uno no empieza a dar golpes con los palos de golf así como así, ni a deslizarse en esquís por una montaña sin antes aprender los pasos y la manera correcta de hacerlo. De no hacerlo así, la ineficiencia y las lesiones serían inevitables.

«Para correr es igual», explicó Eric. «Si aprendes a hacerlo mal, nunca sabrás lo satisfactorio que puede ser».

Esperen un momento. ¿Por qué yo nunca había escuchado eso? Cuando lo dijo en voz alta me pareció dolorosamente obvio. Es evidente que debe haber una manera correcta y otra incorrecta de correr. Hay una manera mejor y otra peor de realizar cualquier movimiento biomecánico sobre la faz de la Tierra, desde lanzar una pelota hasta comer con palillos chinos. ¿Por qué pensar que correr es la única actividad en el planeta que escapa a las leyes de la física? Pero yo nunca había escuchado esa idea. Todo lo que había leído en las revistas para corredores era qué comprar —tenis para el control del movimiento, plantillas ortopédicas, calcetas compresoras— no qué *hacer*.

Eric añadió entonces algo que sonó en mis oídos como una música extraña y hermosa.

«Todos estamos hechos para correr».

Durante años me habían dicho lo contrario: médicos y profesionales en terapia física no hacían sino repetir que correr es perjudicial para el cuerpo, en especial para aquellos con una constitución similar a la de Shrek. Y yo les creí, pues sentía la confirmación de sus palabras en mis tendones de Aquiles. Entonces Eric se ofreció a respaldar sus afirmaciones con hechos: me propuso entrenarme vía correo electrónico y transformarme de un excorredor adolorido a un maratonista e incluso a un ultramaratonista. Me prometió que en un lapso de nueve meses, yo sería capaz de completar una carrera de 80.5 kilómetros a través de la Barranca del Cobre de México, en compañía de los legendarios indígenas tarahumaras.

Por supuesto, me sentí atraído de inmediato, pero también me había sentido atraído por la excursión de Idaho, y los resultados no habían sido muy buenos. Había pasado tres días corriendo 80.5 kilómetros y había terminado desplomado en un arrollo, jurando no volver a hacer algo tan estúpido nunca más. Ahora, Eric me proponía correr 80.5 kilómetros en un solo día, además de aumentar mi índice de kilómetros por hora mucho más rápido que el 10 por ciento semanal que predican las revistas para corredores. Me pareció imposible llegar a la carrera: el entrenamiento acabaría conmigo primero.

—Cada vez que aumento mi kilometraje sufro un colapso —repliqué.

—Esta vez no ocurrirá.

—¿Debo comprar plantillas ortopédicas?

—Olvida las plantillas.

Yo aún tenía mis dudas, pero la absoluta confianza de Eric empezaba a convencerme.

—Tal vez convenga que pierda algo de peso primero para aligerarle el trabajo a mis piernas —le dije.

—Tu alimentación cambiará por sí sola, ya lo verás.

—¿Qué me dices del yoga? Puede ayudar, ¿no?

—Olvídate del yoga y de los estiramientos. Los estiramientos no alivian la rigidez muscular.

Lo que escuchaba empezaba a agradarme. Nada de dietas, yoga o plantillas. Pero estaba indeciso.

—¿En verdad crees que puedo lograrlo?

—Voy a ser muy franco —respondió Eric—: tienes cero margen de error, pero puedes hacerlo.

Absorto como estaba en mi preocupación a propósito del desafío, nunca me puse a pensar sobre el reto que enfrentaba. Eric no solo debía rehabilitar a una persona que había sido considerada defectuosa por al menos tres profesionales de la salud; también debía abrirse paso a través de un sólido muro de resistencia. Como cualquier persona, hay cosas que me gusta hacer y otras que digo que haré pero probablemente no haga. De nada serviría que Eric me diera un plan de entrenamiento si yo iba a ignorarlo en 50 por ciento, así que él debía identificar qué tipo de ejercicios me gustaban. El pobre no tenía idea del lío en que se había metido.

—¿Vas al gimnasio?

—No.

—¿Qué aparatos de entrenamiento tienes en casa?

—Ninguno. Odio el entrenamiento con pesas. No soporto nada que deba contar o repetir. No tolero la monotonía.

No comprendo por qué Eric no renunció en ese instante, pero siguió insistiendo.

—Está bien —continuó—. ¿Qué te gusta?

Hice una breve pausa, preguntándome si la verdad le parecería demasiado extravagante o simplemente inútil.

—¿Conoces esas viejas sierras de leñador —le pregunté—, las que se usaban en el siglo XIX para talar secoyas?

—Ajá…

—Tengo una especie de obsesión con ellas. En la casa usamos leña para calentarnos, y hace unos años dejé de usar la sierra eléctrica y empecé a cortar leña con sierra manual. Todo mundo las odia, pero yo podría pasarme el día entero cortando leña con ellas. Tengo como seis.

—Vale —respondió Eric—. Entrenaremos con ellas.

Lo que Eric hizo a continuación fue sencillamente genial. Tan genial que no es sino hasta ahora que he podido comprenderlo. Yo estaba tan emocionado con los árboles —con el plan de entrenamiento de Eric, con su técnica para correr que es capaz de transformar la vida, con su premisa de que los corredores primero deben ser atletas— que perdí de vista la magnificencia del bosque. Además, como ya dije, en ese bosque había una mujer desnuda.

Estoy seguro de que él intentó explicármelo, pero incluso si yo hubiera prestado atención, era un pensamiento tan radical que de todos modos no habría podido entenderlo en aquel momento. Ahora que he tenido algunos años para asimilarlo y para habituarme al increíble cambio que la técnica de Eric ha ejercido sobre mí, puedo apreciar finalmente lo que ha tratado de decirme y lo que Jenni Blake descubrió por sí sola en las áreas salvajes de Idaho.

Y es sencillamente esto: a las personas nos encanta movernos. El movimiento está en nuestros genes; es lo que ha hecho de nosotros la especie más exitosa y aventurera del planeta (y más allá). No obstante, para el hombre moderno, la sola idea resulta sospechosa. Desde que nacemos se nos enseña a recelar de cualquier cosa que disfrutemos, de cualquier cosa que nos resulte verdaderamente divertida, así que todo aquello que era disfrutable y divertido lo transformamos en otra clase de trabajo. Cuando vamos al gimnasio no decimos que vamos a jugar, ¿cierto? Decimos que vamos a trabajar los músculos.

Eric sabe que el atletismo y el éxito no tienen nada que ver con la fuerza de voluntad. Es lo suficientemente listo y honesto para comprender que si te obligas hacer algo, en algún momento dejarás de hacerlo. El modelo de autodisciplina y logro mediante el sufrimiento sencillamente no funciona, así que ideó una manera de sustituir el sufrimiento con placer. Contribuyó a devolverle al ejercicio un sentido artístico, y eso cambió todo para mí. En la actualidad, salgo de mi casa, echo un vistazo y elijo una dirección que me resulte atractiva. Entonces empiezo a correr y continúo todo el tiempo y toda la distancia que se me antoje, como cuando era niño. No me preocupo por las lesiones, y sé que mi tiempo disponible y mi agua se agotarán antes que mi energía. Cuando termino, me siento ansioso por empezar de nuevo al día siguiente.

Si alguien me hubiera dicho hace cinco años que me sentiría así, no le habría creído.

1

MI HAZAÑA
INCREÍBLE

PERMÍTEME QUE TE CUENTE una historia. En marzo de 2006 me encontraba en la línea de salida de una carrera de 80.5 kilómetros, realizando mi hazaña increíble. Con excepción de mi camiseta y mis pantaloncillos *dry-wick*, de mi mochila de hidratantes y de las barras energéticas que llevaba en los bolsillos, aquella no era una carrera común, ni mucho menos. En primer lugar, estaba en un minúsculo pueblo llamado Urique, ubicado entre unos escarpados acantilados y un río, en la Barranca del Cobre, al noreste de México. No había un arco que señalara la meta, microchips de cronómetro en mis tenis, disparos de pistolas ni una multitud de corredores empujándose unos a otros en su intento por ponerse a la delantera. Solo había unos veintitantos corredores, una simple raya en el pavimento en el centro de pueblo para señalar el punto de salida, y un estadounidense alto, rubio y desteñido por el sol apodado Caballo Blanco, encargado de dar la salida.

Los corredores tampoco eran mis competidores habituales, y en realidad ese era el meollo del asunto. La carrera acercaría a dos culturas, una ancestral y otra joven, con un profundo amor por correr —y correr al extremo— a lo largo de grandes distancias. Aquel día enfrentábamos 80.5 kilómetros en el paisaje montañoso e inhóspito de la Barranca del Cobre.

Entre los representantes de la cultura joven estaban algunos de los mejores ultramaratonistas estadounidenses, entre ellos Scott Jurek y Jenn Shelton. Difícilmente podrían encontrarse dos corredores más experimentados, voluntariosos y talentosos, y tienen campeonatos y medallas para demostrarlo.

Los de la cultura ancestral eran los tarahumaras. De tez oscura y bronceada, y piernas marcadas por los músculos, vestían taparrabos y coloridas camisas de manga larga que se hinchaban cuando corrían. Su calzado, unos huaraches, eran unos simples trozos de llanta aplanados y recortados al tamaño del pie, y atados a este con correas de cuero. Los corredores tarahumaras, cuyo nombre verdadero es *rarámuri* («los de los pies ligeros»), provenían de una serie de tribus aisladas residentes en la Barranca del Cobre y que han sobrevivido de manera muy similar por cientos de años. Se les conoce sobre todo por sus asombrosas hazañas de resistencia al correr, y por su capacidad de recorrer, al parecer indefinidamente, caminos secos y rocosos en uno de los paisajes más hostiles del planeta. Hacía más de diez años que yo sabía de sus hazañas legendarias, pero estar con ellos en persona, como lo estuve durante varios días, era absolutamente maravilloso.

También estábamos Christopher McDougall y yo, y si bien yo había participado en varias ultracarreras, no era un competidor del que Scott tuviera que preocuparse. Además, los meses previos a la carrera me había dedicado a cambiar pañales y a arrullar a mi bebé recién nacida. Mi carrera más larga de entrenamiento antes del viaje a México fue de unas insignificantes tres horas, menos de un tercio de la que debía realizar aquel día. Por último, no estaba ahí solo como competidor sino como entrenador de Chris.

De todos los que estábamos en la línea de salida, Chris era el único que nunca había corrido un ultramaratón, y la primera vez que nos reunimos, un año atrás, él se describió como un «despojo humano» incapaz de correr ni siquiera una corta distancia sin sufrir una larga serie de problemas. Su interés original en los tarahumara había sido como periodista en busca de un buen reportaje. Desde entonces muchas cosas habían cambiado, y ahora esperaba completar ese ultramaratón tan especial y hacerlo por él, por la idea de lo que podía llegar a ser.

En la línea de salida, Chris se mostraba nervioso y callado, y como de costumbre, dirigía la atención que los demás llegaban a prestarle a su condición de novato. Con 1.95 m de altura era un hombre corpulento, aunque pesaba 18 kg menos que cuando habíamos empezado a entrenar. «¿Qué le hiciste a este hombre?», me preguntó Caballo al ver cómo había cambiado Chris desde que se habían visto por vez primera. En cualquier caso, ahora enfrentaba una carrera de 80.5 kilómetros sobre un terreno escarpado y traicionero bajo el calor seco y abrasador del desierto. Yo sabía que él tenía la capacidad física para lograrlo; la pregunta era: ¿tenía la capacidad mental? Estoy seguro de que él dudaba de ambas.

Momentos antes de que empezara la carrera le dije a Chris: «Concéntrate en lo tuyo; corre tu propia carrera. Haz lo que sabes que puedes hacer, pero si sientes que estás esforzándote es porque te estás esforzando demasiado».

Al poco rato, Caballo gritó «fuera» y empezamos a correr. Los tarahumaras salieron disparados a una velocidad apabullante de 1.6 kilómetros por seis minutos, o más. Yo estaba asombrado y desconcertado: ¿serían capaces de mantener ese paso durante toda la carrera? Era algo digno de verse: sus rostros sonrientes, sus pies rozando el suelo como si apenas lo tocaran. Al cabo de unos segundos dejaron atrás el pueblo de Urique y los sonidos del mariachi.

Yo iba en segundo lugar, a una velocidad de 1.6 kilómetros cada siete segundos. Chris, más lento, iba detrás. Había un largo camino por delante, y como le había dicho, cada quien debe correr su propia carrera. Los primeros kilómetros fueron por un camino de tierra a lo largo del río Barranca. Yo me sentía bien, tranquilo, haciendo lo que sabía hacer. Cruzamos un puente colgante de madera y cuerda que temblaba y se balanceaba conforme avanzábamos en fila india. Poco después iniciamos el ascenso a la primera colina alta, 45 minutos de una auténtica tortura para las piernas, y experimentamos ese peculiar sufrimiento gozoso que los corredores conocemos mejor que nadie.

Podría decir que salí del vientre de mi madre calzando zapatos deportivos, listo para ponerme en marcha, o quizás que en preescolar llevaba un silbato colgado del cuello y una tabla sujetapapeles en la mano, como un entrenador en ciernes. Sin embargo, ambas historias serían, digamos, ficción, y lo que contaré es la realidad.

Como la mayoría de los recorridos, el mío zigzaguea, da vueltas en círculo y se desvía varias veces. Para empezar, nací respirando trabajosamente debido al asma. Mi primera Navidad la pasé dentro de una cámara de oxígeno. De niño me pasaba las piyamadas luchando por respirar mientras mis amigos, atiborrados de pastel y helado, dormían plácidamente. Desde muy temprana edad tuve conciencia de mi cuerpo, de lo que podía y no podía hacer. No obstante, ni mis padres ni mis médicos me impusieron barreras ni me prohibieron ningún deporte o ejercicio. Por ello les estoy muy agradecido, pues mientras más me esforzaba, más se adaptaba y fortalecía mi cuerpo.

En nuestro pueblito neoyorkino, en las colinas de los montes Allegheny, me convertí en una especie de estrella del futbol americano. Era un pez grande en un estanque pequeño. Clásico. Yo era un corredor que disfrutaba tanto una buena tacleada como un *touchdown*. En el último año de la preparatoria practiqué el atletismo, sobre todo para mejorar mi velocidad en el futbol. Para mi sorpresa, obtuve la misma satisfacción que experimentaba en la cancha, la conciencia del movimiento de mi cuerpo como expresión de mi ser. Tal vez te parezca gracioso, pero yo sentía como si fuera un artista.

Dos años de futbol universitario, la graduación, y finalmente el mundo real llegó como balde de agua fría. Debía construir una vida, llevar el pan a la mesa, encontrar un hogar. Escuché el llamado del oeste estadounidense, de Denver en particular, y ahí, al pie de las Rocallosas, corrí, anduve en bicicleta, nadé, escalé y practiqué canotaje, rodeado por el aire fresco de la montaña. Participé en competencias de ciclismo, maratones, triatlones, carreras extremas y ultracarreras. Me volví más rápido y más fuerte, un mejor atleta de lo que jamás creí posible. Pero seguía siendo un pasatiempo. Entre semana trabajaba en una oficina de consultoría ambiental. No estaba mal: era un trabajo interesante; ganaba bien, gozaba de una vista maravillosa desde la casa y vivía aventuras los fines de semana. Tenía todo lo que siempre había querido, pero resultó que no era lo que yo *quería*.

Durante esos años en Denver me dediqué a correr mañana, tarde y noche, y todo sin saber adónde habría de llevarme todo eso. Con el tiempo me di cuenta de que nunca llegaría a ser el mejor corredor. No obstante, era un corredor muy bueno, y tenía en mi bagaje una vida entera dedicada al deporte. Así que, pensé, ¿de qué manera podría utilizar los dones que recibí y que había desarrollado con tanto esfuerzo? Entonces supe que quería desarrollar mi vida en torno al atletismo, y que quería ayudar a otros a desarrollar su potencial.

Renuncié a mi empleo y a todas las prestaciones que incluía, y busqué otro de medio tiempo como recepcionista en las instalaciones deportivas del Centro de Ciencias de la Salud de la Universidad de Colorado. Ganaba la friolera de siete dólares por hora. La gente decía que madurara, que estaba siguiendo el camino equivocado. «No les hagas caso», pensé. Tomé clases de fisiología, anatomía, biomecánica y nutrición. Viajé al Centro de Entrenamiento Olímpico en Colorado Springs y fui certificado como uno de los primeros entrenadores estadounidenses de triatlón. Cuando todavía trabajaba en el centro de entrenamiento empecé a instruir a un atleta, luego a otro. Al poco tiempo me convertí en director de entrenamiento del Centro, y reuní un grupo de corredores y triatletas. Para ser sincero, estaba aprendiendo y enseñando por partes iguales.

El amor y el deseo de apoyar a mi esposa Michelle en el cuidado de sus padres hicieron que dejáramos Denver y nos estableciéramos en Jackson, Wyoming. No es que yo merezca el título de santo, pues el egoísmo y el temor de perder a los atletas que entrenaba hicieron que me mudara de mala gana. Como muy pronto se vería, más bien merecía el título de tonto. En Jackson, a la vista de las cimas escarpadas e imponentes de la cordillera Teton, encontré un ambiente ideal para entrenar, así como multitud de atletas ávidos de ser los mejores. Para no ir más lejos: frente a la puerta de mi casa había caminos de clase mundial para las carreras de montaña.

En medio de esta mezcla de entusiasmo y oportunidad, mi carrera de entrenador cobró impulso. Siempre me dije que no importaba si entrenaba a un solo atleta, que lo importante era vivir mi vida como entrenador y corredor. En Jackson Hole entrené a atletas de una amplia gama de disciplinas (además de que conservaba a varios de mis atletas de Colorado, a quienes seguía entrenando en línea), y las satisfacciones que me daban eran más de las que podía haber imaginado: el hecho de ver a mis chicos mejorar de una semana a otra —a veces de una sesión a otra— resultaba enormemente satisfactorio. Y también estaban sus triunfos en competencias, que para mí eran incluso más satisfactorios que los que había obtenido como atleta. La lista crecía y crecía: campeones de competencias de 50 y 100 millas, tanto corredores como ciclistas de montaña; triunfadores en carreras desde 5 km hasta 50 km; participantes del Maratón de Boston y del triatlón Ironman de Hawái; el medallista de plata del campeonato mundial de ciclismo de montaña de 24 horas; un campeón de *cross-country* de la preparatoria estatal de Wyoming, e incluso un jugador profesional de hockey, algunas estrellas de Hollywood y un guitarrista de *rock*. Yo estaba pasándomela de lo mejor —escribiendo las rutinas, organizando los programas, diseñando los ejercicios— y otras personas empezaron a notarlo, una en particular.

Al igual que muchas historias, la mía incluye también a un desconocido que tocó a mi puerta o, para ser más exacto, que me llamó por teléfono: Chris McDougall, en 2005. Quería hacer un reportaje sobre «el mejor ejercicio extremo» y yo era, según sus palabras, «el máximo gurú del entrenamiento en la ciudad estadounidense más cautivada por los deportes extremos». Por lo menos la segunda parte de su apreciación era cierta. Para evitar que Chris se congelara en el invierno de Wyoming le propuse que nos encontráramos en Denver.

Congeniamos de inmediato, y yo no dejaba de preguntarle sobre los tarahumaras, sobre quienes él había escrito recientemente en *Runner's World*. Diez años atrás, un miembro de ese pueblo había corrido por primera vez en el Leadville Trail 100, un brutal ultramaratón en el corazón de las Rocallosas, y había derrotado a todos los participantes. Durante un tiempo quise ser tarahumara, o al menos correr como uno de ellos. Su pueblo y su mundo insondable fueron parte de lo que me atrajo al atletismo de resistencia. Simplemente me sentí cautivado: era tan… primitivo. Y puro. Quería saber cómo eran esos macrociclos en que debes atravesar grandes distancias y enfrentar todo lo que pasa por tu mente después de correr cinco, ocho, diez o más horas. Me fascinaba la idea de poder salir y correr el día entero como aquellas personas.

Ahora estaba con Chris, quien ya se había reunido con ellos en el territorio del cañón y estaba planeando correr con ellos, al menos una parte de la carrera de 80.5 kilómetros. Caballo Blanco, un ultracorredor misterioso y excéntrico que se había ido a vivir y a correr con los tarahumaras, era el organizador del evento.

Pero Chris no había ido a Denver a hablar de los tarahumaras. Estaba ahí buscando información para un artículo sobre un entrenamiento extremo que preparara a los atletas para pruebas combinadas (canotaje, escalada, montañismo). Para empezar lo llevé a correr en unas colinas bajas. Era un tipo atlético —había remado en la universidad— pero no creía tener habilidad para correr. Me dijo que era algo que no podía hacer porque le producía mucho dolor y no tenía la resistencia suficiente, y que no le gustaba entrenar. En resumen, se había dado por vencido.

Aquella noche regresé a mi hotel, hice jirones el programa de entrenamiento y decidí entrenarlo como corredor. Yo sabía que cualquier individuo —grande o pequeño, obeso o delgado, atlético o no— podía transformarse en un corredor eficiente. Cuando nos vimos al día siguiente le ofrecí mi ayuda. Le dije que había una manera correcta y otra incorrecta de correr. Su zancada era demasiado larga, su ritmo era lento, se movía con ineficiencia y hacía contacto con el suelo con los talones. Cada paso que daba estaba dañándolo.

El día siguiente lo dediqué a enseñarle una nueva manera de correr y tracé un plan para que llevara a cabo su objetivo: correr tantos kilómetros como quisiera, en un día cualquiera, por el resto de su vida. Al final de la sesión nos sentamos sobre el césped del campo de golf City Park de Denver y hablamos sobre la carrera de la Barranca del Cobre. Chris dijo que era algo que jamás podría hacer, por más que quisiera. Entonces hicimos una apuesta de caballeros: yo lo entrenaría, y si él me escuchaba y seguía mis indicaciones, yo le garantizaba que podría participar en la carrera. Chris me preguntó si correría con él. Yo jamás había dicho un «sí» tan rápido; bueno, con excepción del día de mi boda.

Adelantemos un año en el tiempo, pasando por unos pequeños inconvenientes el día de la carrera y una bebé recién nacida, y ahí estaba yo en el estado de Chihuahua, México, zarandeándome de un lado a otro junto a Chris en un desvencijado autobús. Íbamos bajando 1800 metros por un empinado camino de tierra de un solo carril y lleno de baches rumbo al pueblo de Batopilas. A un lado había un acantilado y al otro un muro de piedra, y temí que este «equipo de ensueño», como nos llamaba Caballo, caería y moriría antes de conocer siquiera a los legendarios corredores.

Batopilas era el punto de partida de nuestra aventura. Luego de pasar dos noches en un sórdido hotel emprendimos una carrera-caminata de 48 kilómetros por los profundos cañones rumbo al pueblo de Urique, donde iniciaría la competencia. Cargamos nuestro equipo en mulas, lo que nos permitió viajar solo con lo que comeríamos y beberíamos. Cuarenta y cinco minutos después de haber partido llegamos a un claro sombreado por árboles. De repente nos vimos rodeados por los tarahumaras. Parecían fantasmas que se materializaran silenciosamente entre los árboles. Caballo nos presentó con los nombres de espíritu animal que nos había dado. Yo era el Gavilán, tranquilo, seguro y siempre atento; Chris era el Oso.

De inmediato sentí una profunda conexión, un vínculo inequívoco con los tarahumaras. No compartíamos el idioma: nosotros no conocíamos su idioma; ellos no conocían el nuestro. En aquella travesía de 48 kilómetros rumbo a Urique no hubo conversación.

Solo hubo expresiones y gestos, pero pude sentir entre nosotros una creciente afinidad conforme corríamos. Durante el trayecto observé atentamente a los tarahumaras: su calzado, su postura, su fuerza, sus arranques de velocidad, cómo se abrían camino entre las grandes rocas de los senderos, y qué comían. Era un espectáculo impresionante, y yo debía cuidarme de no arrastrar por el suelo mi flácida mandíbula.

Finalmente llegamos a Urique cuando ya anochecía. En los días previos a la carrera caminamos y corrimos por una parte del trayecto, y Caballo sonreía condescendiente cada vez que le preguntaba qué tan dura pensaba que sería la carrera. Corrimos también un poco con los tarahumaras, nos mandamos hacer nuestros propios huaraches de llanta, devoramos platos de tortillas recién hechas y tamales, y nos relajamos con cervezas por la noche. A decir verdad, no era muy distinto a la sencilla vida montañesa que yo había desarrollado alrededor del atletismo en Jackson.

Luego de una noche de sueño intranquilo llegó el día de la carrera. Por la mañana Chris, que siempre tenía su reserva de café, compartió conmigo una muy necesaria taza. Me puse mi camiseta con el número 16 y me colgué mi mochila de hidratantes. La línea de salida nos esperaba. De pie junto a Chris me di cuenta de que él no se sentía digno de estar entre aquel pueblo, joven y ancestral, de corredores de resistencia. Solo la carrera demostraría si era digno o no.

En mi carrera recorrí cañadas, atravesé ríos, subí colinas y seguí senderos zigzagueantes, entre el calor y el polvo, kilómetro tras kilómetro. Pero estaba sufriendo dolor. Los tarahumaras más jóvenes, que habían salido disparados al principio, empezaban a aminorar el paso. No obstante, debido a mi condición aquel día, yo no tendría oportunidad de establecer un récord personal. Desde el principio supe que no ganaría esa carrera, pero soy competitivo y me gusta pensar que siempre estoy en la batalla.

Hacia el kilómetro 29, en un tramo relativamente plano, nada menos, tuve que detenerme. Algo estaba mal. No tenía la cabeza en la carrera, y cuando uno pierde la concentración es fácil sucumbir al desgaste de las piernas y los pulmones. Me hice a un lado del camino, jadeando y chorreando sudor. En ese instante Scott y Arnulfo, el campeón tarahumara, que ya venían desandando el camino, pasaron a toda velocidad junto a mí, sus piernas lustrosas y ágiles dando pasos firmes y veloces.

Supe entonces que debía dejar de pensar en el certamen como una competencia y simplemente disfrutar la carrera. Aquel viaje a la Barranca del Cobre formaba parte de una vida centrada en el atletismo, la cual yo había imaginado y desarrollado con mucho esfuerzo a lo largo de los años, sin dejar que la duda o el temor se interpusieran en mi camino. Esa es la esencia de vivir una hazaña increíble, y ganar aquella carrera no era la mía.

Pero entrenar a Chris, verlo concluir la carrera en la Barranca del Cobre, sí lo era. Aquella experiencia en México quedaría incompleta, frustrada, si él no cruzaba la línea de meta y lo hacía corriendo. Sumarse a la tribu de corredores de resistencia era su hazaña increíble, y yo quería que la cumpliera para cumplir la mía.

Finalmente, con mi concentración a punto, regresé a la carrera sintiéndome en el flujo. Bajé por la empinada ladera por la que habíamos empezado el recorrido. Me sentí más fuerte y rápido de lo que me había sentido en toda la carrera, y estaba a unos pocos kilómetros de la meta.

Entonces, cerca del puente de madera y cuerda, me topé con Chris. Iba en último lugar y se dirigía hacia la ladera; tenía por delante al menos dos horas de carrera. Se veía animado aunque también se le notaban los efectos del calor y de los kilómetros recorridos. «El ascenso te parecerá mucho más largo de lo que recordabas. Prepárate», le dije, feliz de verlo corriendo todavía. «Estos kilómetros te parecerán los más largos de tu vida. Simplemente relájate y recórrelos».

Chris asintió con la cabeza y siguió adelante. Durante nuestro entrenamiento nunca estuve seguro de si mis palabras le hacían mella, pero ahora todo dependía de él. Todo lo que yo podía decir o hacer ya estaba hecho.

Después de que crucé la línea de meta en Urique —la misma que había funcionado como línea de salida— me senté frente a una mesa del desolado restaurante del pueblo, en compañía de los demás corredores, estadounidenses y tarahumaras. Bebimos, comimos y nos regodeamos en la carrera, reviviéndola tal como hacen todos los corredores. Después comimos, bebimos y nos regodeamos más. Mientras tanto yo seguía pensando en Chris, con la esperanza de que continuara poniendo un pie delante del otro por el camino.

Dos horas más tarde, más de 12 horas después del inicio de la carrera, cuando el sol se ponía y el cielo tomó un color anaranjado brillante, corrió la noticia de que Chris estaba llegando. Todos nos reunimos en la línea de meta para animarlo, incluso el mariachi. Yo miré a la distancia con el deseo de verlo cercándose. Finalmente, Chris bajó por el sendero y entró a la plaza del pueblo. Iba corriendo con energía, animado por esa última ráfaga de adrenalina típica del final de las carreras, incluso de las más largas. Yo le eché porras. Todos lo hicimos, alzando los puños en el aire y gritando: «¡Vamos, Oso, vamos!».

Chris logró correr 80.5 kilómetros en aquel terreno brutal. Los corrió y se hizo miembro de la tribu de corredores de resistencia. Cuando cruzó la meta se acercó a mí. Tiempo después me dijo cuánto le había ayudado ese último consejo antes de subir la colina final, pero en ese momento, en la meta, estaba sin aliento y mudo de la emoción. Intentamos chocar las palmas de las manos en el aire pero erramos. No sé si fue por mi emoción o por su cansancio, pero tuvimos mala puntería. Pero entonces él tomó mi mano con esa enorme garra suya y la oprimió con fuerza. Yo pude sentir la alegría en ese apretón, y no había más que decir.

Con ayuda de mi entrenamiento Chris logró realizar su hazaña increíble. Me enorgullece decir que muchos de mis atletas lo han logrado también y ahora estoy aquí, listo e impaciente, para guiarte a la tuya.

2

TÚ EN EL GLORIOSO JACKSON HOLE

BUENO. YA FUE MUCHA plática sobre mí y mi pasado inmediato.

Este libro se trata de ti y de tu futuro inmediato; de ti, el atleta, y uso esta palabra de manera consciente y deliberada. Porque sea cual sea la etapa donde te encuentres en tu vida de corredor, puedes tomar la decisión de ser un atleta. Puedes adoptar esa mentalidad y convertirla en la esencia que te defina. Ser un atleta *no* es algo con lo que «se nace». Esa es una idea equivocada, un mito, que a menudo se transforma en un impedimento o, peor aún, en una excusa. Ser atleta es una decisión. Y tomar esa decisión, adoptar esa mentalidad, es el paso que te permitirá avanzar a un nuevo nivel de desempeño. De eso se trata este libro. Y eso es lo que voy a pedirte que hagas.

En esencia, el atletismo es autoconciencia. Esta sencilla frase constituye el corazón de mi programa. Cuando digo: «el atletismo es autoconciencia» quiero decir que el atleta es consciente de su condición y su postura; consciente de cómo mueve su cuerpo; consciente de su nivel de esfuerzo, de su patrón de respiración; consciente de lo que come y no come; y sobre todo, consciente de lo que piensa y no piensa.

Más adelante analizaremos esta idea con detalle, pero primero debemos abordar el factor físico de las cosas. Creo firmemente que la mente sigue al cuerpo. Y cuando la mente sigue a un buen cuerpo, llega al lugar correcto. Por eso aquí comenzará el viaje —tu viaje— hacia tu hazaña increíble.

Para empezar, te pediré que mires las cosas de una manera distinta a como probablemente las has visto hasta ahora. Voy a presentarte ideas y conceptos nuevos, y a pedirte que hagas cosas diferentes que te catapultarán a otro nivel como corredor y te ayudarán a obtener todo lo que quieras de cada kilómetro. Al mismo tiempo, te pediré que vayas más allá de lo que creíste posible para ti como persona, como corredor y, espero, en todos los aspectos de tu vida.

Voy a ser muy claro: este proceso, este desafío —esta oportunidad—, están abiertos a cualquier corredor. Este libro es para ti, ya seas un principiante o un veterano deseando recuperar el entusiasmo y las esperanzas del principiante; ya seas un competidor aguerrido deseando mejorar sus tiempos y su posicionamiento en competencias importantes, o alguien que corre por placer y a quien le gustan los aspectos sociales que rodean al deporte; ya seas un corredor cuyo desempeño se ha visto disminuido o interrumpido por una lesión crónica, o un experimentador entusiasta, inspirado por visiones de correr descalzo, tarahumaras u otras aventuras. El compromiso con la autoconciencia —como la elección de Frost frente al sendero que se bifurca— marcará toda la diferencia.

Un aspecto que aprenderás más adelante es la importancia de la visualización en el desempeño. La mente sigue al cuerpo, y a su vez, el desempeño sigue a la mente. Pero sacar partido de esta secuencia —controlarla y utilizarla para llegar adonde queremos ir— es todo un reto al que no suele dársele su justo valor. Hemos perdido contacto con el arte de ensoñar. No me refiero a la ensoñación que resulta de visitar páginas de internet sobre vacaciones, o de comprar un billete de lotería. Todos somos muy buenos para esa. Me refiero a la ensoñación capaz de guiar nuestro desempeño y prepararnos para el viaje hacia nuestra hazaña increíble.

Pongámonos en marcha entonces. Hagámoslo. En este momento. En vez de hablarte sobre lo que verás en los capítulos siguientes —programas y protocolos, movimientos, aspectos fisiológicos y psicológicos— voy a darte la oportunidad de que lo vivas. Todos los días despierto en Jackson emocionado de encontrarme en un auténtico paraíso para corredores y deportistas extremos, llevando una vida que antes solo podía imaginar. Pero he ahí el meollo: yo la imaginé, y ahora es tan real como la silueta escarpada e imponente de la cordillera Teton que me saluda cada vez que salgo de mi casa, o como el oso que deambula delante de mí en carrera matutina, o como el desafío feroz de un *sprint* cuesta arriba a una altitud aproximada de 2 800 metros. Quiero que todo sea igualmente real para ti.

Quiero que imagines que vienes a visitarme a Jackson Hole para recibir un entrenamiento intenso de siete días. Este entrenamiento personalizado será diferente a todos los que has realizado, y en él conocerás y te sumergirás en todos los aspectos de mi programa. Jackson Hole no tiene igual, es el auténtico salvaje oeste. Aquí es donde encontrarás tu propia frontera y descubrirás tu nueva realidad. Yo espero que esto sea lo que esperas de tu visita y de este libro, pues es lo que yo quiero para ti.

Por fin llegas… Fue un vuelo corto desde Denver o Salt Lake City (o donde sea que hayas transbordado, porque, aceptémoslo, a menos que tengas un *jet* privado no puedes llegar en vuelo directo a Jackson). Pero es un salto a otro mundo. El avión baja entre las nubes y de repente ves ese paisaje tan extenso y majestuoso que casi ríes conforme pegas la cara a la ventanita cuadrada: las montañas, de contornos aserrados y cubiertas de nieve reluciente, marchando hacia el horizonte; el río Snake serpenteando entre los valles; los aterciopelados marrones y verdes de los promontorios. Es evidente que ya no estamos, ni real ni metafóricamente, en Kansas.

Puedes ver al instante por qué se llama Jackson Hole («Hoyo de Jackson»). El fondo del valle está a casi 2 000 metros de altitud, pero las montañas Teton en su extremo occidental se elevan como un muro hasta 4 000 metros, y la cordillera Gros Ventre en su extremo oriental casi alcanza los 3 600 metros. Los cazadores que llegaron a la región a principios del siglo XIX debieron sentir que literalmente se habían volado la barda cuando bajaron por los escarpados desfiladeros a la extensa cuenca del valle. Todavía se siente algo similar cuando el avión baja, muy por debajo de las cumbres, y se estabiliza para aterrizar en el aeropuerto de Jackson Hole, que por su estructura baja parece perderse en el fondo del valle.

Aquí no hay pasarelas elevadas que te lleven del avión a la terminal. Simplemente agarras la maleta de la que cuelgan tus zapatos deportivos y sales directamente a la pista. El aire es estimulante, y el cielo, asombrosamente amplio y cercano. Mientras recorres el camino de concreto volteas a ver las montañas y sientes como si pudieras tocarlas con la mano. Sigues con la mirada las siluetas agrestes y zigzagueantes de las cumbres —dominadas por el majestuoso Gran Teton— y los cañones que abren profundas y oscuras letras *v* entre las cúspides. Te imaginas corriendo ahí, en un sendero rumbo a la cima del Teton. Es como si fuera otro mundo, incluso como si tú fueras otra persona.

Bienvenido a Jackson. Esos paisajes espectaculares, con todas sus posibilidades y desafíos, abundan en este lugar. Son también la razón por la que estás aquí. En los siguientes días tendrás una probada de las maravillas que ofrece Jackson y también de mi programa para corredores, una probada de las cosas que te pediré que hagas, y un vistazo de adónde te llevarán esos elementos nuevos y esas nuevas maneras de pensar, como corredor y en los demás aspectos de tu vida.

Nos encontramos a la salida del aeropuerto. Yo soy el tipo de cabeza afeitada y delgado, de hombros encorvados y sonrisa radiante. Me alegra conocerte por fin. Te invito a subir a mi camioneta y nos ponemos en marcha, con las ventanillas bajadas.

En el camino del aeropuerto a la ciudad vemos un búfalo —sí, siempre andan deambulando por ahí— al lado de la carretera, así como un alce cuya silueta se recorta contra el cielo sobre la cima de una montaña, la misma cima donde iremos a correr en los siguientes días. También vemos a tres ciclistas pedaleando engranajes de gran tamaño por el acotamiento, no mucho más lento de lo que vamos nosotros. Pronto comprobarás que en Jackson Hole no pasa mucho tiempo sin que veas a alguien en movimiento: andando en bicicleta, corriendo, haciendo caminata, remando por las corrientes o esquiando en el invierno. La ciudad estadounidense más cautivada por los deportes extremos: Chris tenía toda la razón.

Pero en esta primera noche, antes de que empiece la acción, tenemos tiempo para sentarnos y platicar, para darnos una idea de dónde estás y de hacia dónde iremos durante los próximos siete días y más adelante. En el restaurante Snake River Brewery pedimos una ensalada con bistec o una trucha frita y hablamos de muchas cosas: de Jackson y de la historia del valle; del Salvaje Oeste; de esquiar a la hora de la comida o de qué se siente estar a 20 grados bajo cero; de los precios exorbitantes de los bienes raíces, y de los pumas. Pero bajo la superficie está esa sensación de expectación ante el inicio de una aventura. Tal vez estás un poco cansado o exhausto por el viaje, pero también sientes esa impaciencia que sienten todos los corredores antes de una prueba importante. Entonces empezamos a hablar del entrenamiento que estás por comenzar. Como soy de las personas a quienes les gusta empezar desde abajo hacia arriba, comenzaremos con tus pies.

Pero no te preocupes, no vamos a convertirnos en Barefoot Ted. Mi compañero en la carrera del Cañón del Cobre, uno de los pioneros de las carreras con los pies descalzos, tiene mucho que enseñar, pero considero que correr descalzo es más una herramienta —algo que puede ayudar a desarrollar la fuerza y mejorar la postura de un corredor— que un objetivo en sí mismo o incluso, como predican algunos, un estilo de vida. Recuerda: los tarahumaras recorren sus rocosos caminos con huaraches, no descalzos. Por ahora vamos a concentrarnos en fortalecer los pies, y es fundamental que puedas sentir —verdaderamente *sentir*— lo que vamos a hacer.

Quítate los zapatos. No hay problema, estamos en Jackson; no serás el primero que lo haga en este establecimiento. Ahora observa esos pies, tal vez un poco pálidos debajo de la línea de las calcetas, los dedos estirándose y encogiéndose sobre los azulejos del piso. Si bien se presta mucha atención a la fuerza de las piernas, a la flexibilidad y al acondicionamiento de la zona lumbar, en lo que se refiere a correr todo parte de esas dos curiosas extremidades. Así como los autos de carreras, con sus grandes motores y sofisticadas suspensiones, dependen de cuatro trozos de llanta para correr por la pista, así el desempeño y la salud del corredor están fundadas en los movimientos del pie, con sus 26 huesos, 33 articulaciones y más de una centena de músculos, tendones y ligamentos. Unos pies fuertes favorecen el trabajo muscular correcto en las piernas y el torso, lo que da como resultado ese equilibrio muscular tan importante para correr y que desarrollaremos a lo largo de tu entrenamiento.

Tal vez estás imaginando un gimnasio lleno de aparatos y ruidos metálicos; tal vez echaste un vistazo furtivo a tus bíceps la última vez que alzaste tu tarro, o estás tratando de recordar cuánto levantaste la última vez que hiciste sentadillas con pesas. Pero lo importante del entrenamiento de fuerza no es cuánto peso puedes levantar; ese no es el desafío. El desafío es mantener la mente abierta respecto del objetivo. Lo importante del entrenamiento de fuerza es el equilibrio muscular: lograr que los músculos principales, los más grandes, no rebasen la capacidad de los músculos secundarios de apoyo, lo que haría que todo el sistema perdiera el equilibrio y por tanto su eficacia. Lo más importante, más que la cantidad de peso que podemos encaramar, es realizar los movimientos correctos y utilizar de manera eficiente nuestra fuerza.

Y lo más increíble es que este equilibrio muscular, esta fuerza, *atlética,* te ayudará a correr mejor. También evitará que sufras el típico dolor, la molestia y la rigidez que pudieran parecer el precio ineludible de correr.

Voy a ser muy claro: esos dolores, esas molestias, pueden evitarse. Tal vez hayas sido condicionado para creer lo contrario, pero en el tiempo que trabajaremos juntos te demostraré que puedes hacerlo. Mediante la fuerza, el equilibrio muscular, la buena postura y un programa de entrenamiento adecuado eliminaremos esos achaques tan comunes, nos divertiremos más y lograremos grandes avances en tu desempeño.

Pero no nos adelantemos; no quiero abrumarte. Paguemos la cuenta y vayamos caminando a la plaza de la ciudad. No es Times Square en Nueva York, pero compensamos la falta de luces rutilantes con un ambiente tranquilo y encantador capaz de dejarte sin aliento.

Quiero saber más de ti. Si normalmente eres tímido, trata de no serlo. Es importante. Antes de empezar a entrenar a un atleta me gusta tener una idea bastante detallada de en qué etapa se encuentra en su carrera como corredor. A los corredores nos encanta hablar de carreras. Es nuestra divisa, tan natural como colocar un pie frente al otro. Hablemos entonces de carreras pasadas, de las buenas y de las que nos hicieron polvo. Hablemos de ejercicios y de carreras recientes; cuéntame sobre tu trayecto favorito y qué tan rápido lo cubriste últimamente. Con esto me daré una idea de tu nivel de experiencia y de en qué etapa de tu entrenamiento estás. Y te preguntaré —como seguramente tú mismo estás preguntándote— cuáles son tus objetivos: qué quieres lograr al correr, en la temporada que viene —en una carrera o en un objetivo de entrenamiento en particular—, y durante el resto de tu vida en las carreteras o los senderos. Si no eres corredor, podemos hablar de cómo las carreras pueden fortalecerte y promover un sentido de aventura al correr.

Bueno, mucha plática y poca acción. Me gustaría que nos tomáramos una cerveza, un café o un té, pero en esta primera noche no debemos desvelarnos. Tenemos una semana entera por delante, y es hora de ir a dormir. Voy a tomar nota de lo que conocí sobre tu vida de corredor y sobre tus objetivos para el futuro.

Cuando llegas a tu hotel te instalas y te preparas para dormir, con la ventana abierta a la brisa fresca de la montaña y todo lo que te espera afuera en los senderos de Jackson.

Una hora después del alba, las escarpadas laderas de los Tetons se marcan en líneas de luz y sombra que se alzan al infinito, y las faldas ondulantes de las montañas se elevan en verdes y dorados relucientes. Quedamos de vernos en el punto de salida del Cache

Creek Canyon, una senda muy popular para el excursionismo, el ciclismo y el *cross-country* que corre por el arrollo Cache, cerca de la ciudad de Jackson, y que será el escenario ideal para una corta carrera tipo *shakeout*. Esta no es una sesión de entrenamiento. La intención es simplemente poner tu sangre en circulación, dar un tranquilo paseo por el bosque, tener la oportunidad de que te aclimates a la altitud y de que yo te vea correr.

Correremos de 35 a 40 minutos, lo que resulte más cómodo. Al principio mis instrucciones serán intencionalmente vagas, nada más complicado o específico que un «tómalo con calma»; lo que me interesa es darme una idea de cómo corres de manera natural. Estaré observando tu postura, y para ello iré de un lado a otro de la senda: primero iré a la delantera y luego me quedaré atrás para seguirte. Puede que acelere el paso y que luego desacelere. Estaré viendo cómo respondes: ¿haces un esfuerzo para seguirme el paso —pese a la instrucción inicial de tomártelo con calma—, o te concentras en tu carrera? Estaré observando qué tanta seguridad tienes en tu propio paso.

Se puede conocer mucho de una persona con solo salir a correr con ella. Cada paso revela una gran cantidad de detalles, y yo voy tomando nota mentalmente mientras corremos: lleva buen ritmo, sus pasos se entrecruzan, no usa los glúteos, pisa con el talón. Todo esto me permite hacer un mapa para avanzar.

Soy un experto en hablar mientras corro; es parte del trabajo. Así que déjame hablarte de la postura. Como le dije a Chris, hay una manera correcta y otra incorrecta de correr, y yo estoy aquí para mostrarte la diferencia. Los detalles vendrán después, pero por el momento hablemos del significado de la postura.

Cuando tenemos una buena postura corremos de manera eficiente; cuando nuestra postura es mala, ya lo imaginarás, corremos de manera ineficiente. Una postura mala nos obliga a usar más de lo debido ciertos músculos y menos otros músculos. Con el tiempo, los que usamos se fortalecen y los que no, se debilitan. No es la gran ciencia. Esta disparidad hace que el cuerpo pierda ese equilibrio que mencionamos anteriormente. Como resultado, se crea tensión en los músculos y surgen los dolores de caderas, rodillas, tobillos y pies. Haremos mucho hincapié en la postura, y estoy seguro de que tan pronto empieces a implementar cambios sentirás una transformación en tu manera de correr.

Por el momento, lo importante es que esta carrera sea relajada y natural para que no te cohíbas. Una de las cosas más difíciles que puede hacer una persona es correr como lo hace normalmente cuando sabe que alguien está mirándola. Y por supuesto, hay muchas coas que podrían distraerte: el paisaje de Jackson, con sus bosques despertándose y las montañas volviéndose cada vez más nítidas detrás de los árboles; tus pensamientos sobre lo que te pediré que hagas durante los próximos siete días; y, por supuesto, la altitud.

Si vienes del nivel del mar, esta primera carrera a 1800 m de altitud te abrirá los ojos, y no solo porque esté amaneciendo. Lo notarás solo con caminar del auto al inicio del sendero: una sensación de que cada respiración te proporciona un poco menos del oxígeno que necesitas. Incluso yendo a un paso relajado por el sendero, puedes sentir angustia cuando cada elevación, por pequeña que sea, te deja jadeando. Sí, Jackson es maravilloso, y el sol del amanecer atravesando las ramas de los árboles es increíble, y es posible que veamos un oso, un puma o qué se yo, pero bastan diez minutos de esta carrera relajada para que tu campo visual se reduzca al sendero que está frente a ti, y para que tus pensamientos se restrinjan al paso siguiente que debes dar. ¿Es esta una carrera tipo *shakeout*? Más bien parece una prueba de supervivencia. Pero tú sigues adelante. A eso viniste. Y lo más increíble es cómo el cuerpo siempre se adapta. Al final de esta primera excursión te sientes un poco más fuerte, como si pudieras dar un poco más. Y esa es una parte importante del proceso.

Conforme aminoramos la velocidad para trotar y finalmente caminar por los últimos recodos del sendero, y tu pulso y tu respiración regresan a sus niveles normales, empiezas a pensar en la siguiente carrera, en cómo responderás a mayores desafíos. Estás impaciente, emocionado, energizado.

Este es un buen momento para que te revele la esencia de mi programa. A veces lo llamo «entrenamiento cardiovascular» porque el corazón y los pulmones trabajan con fuerza. Pero durante su ejecución suceden muchas otras cosas —aumentas tu eficiencia al correr, desarrollas fuerza, quemas grasa, elevas tus umbrales de ácido láctico, adquieres velocidad—, por lo que también me referiré a él como la «cimentación estratégica para el corredor». Sea cual sea el nombre, lo que voy a presentarte es un sistema de carreras de entrenamiento, con un plan para cada día, basado en gradaciones de velocidad o de frecuencia cardiaca.

Al seguir el programa desarrollarás los cimientos de la resistencia, la velocidad y la fuerza para el tipo de carreras que quieras hacer, sea cual sea tu nivel. El programa es muy flexible y dinámico, por lo que es de utilidad para el principiante que simplemente desea desarrollar una postura saludable para correr, para el competidor experimentado que se siente estancado, o para quienes van a participar en su primera carrera de 5 o 10 kilómetros o en su primer medio maratón, maratón o más allá.

El simple hecho de pensarlo te abre el apetito, ¿no?

Nuestra siguiente parada es el desayuno. Volvemos a la ciudad y nos dirigimos al restaurante Bunnery, cerca de la plaza, muy activo con el bullicio de quienes van al trabajo o de quienes regresan de las caminatas, carreras, escaladas y remadas matutinas. No hay nada como sentarse a desayunar sabiendo que ya hiciste una carrera matutina. El motor está en marcha y exige combustible.

Es un buen momento para hablar sobre la alimentación, rodeados del aroma de los bollos recién horneados, los burritos y los panqués de arándano. La nutrición es una parte muy importante de mi programa (algo que comprobarás en los siguientes días), aunque no en el sentido de horarios y menús por comida o por día. No se trata de adoptar una etiqueta (vegetariano, vegetariano estricto, paleolítico). Para mí, la nutrición es más una cuestión de actitud: el compromiso de convertirse en un atleta, de vivir como un atleta, trae consigo una nueva conciencia en tu vida. Y eso incluye la conciencia de lo que te llevas a la boca. Más adelante hablaremos de tomar alimentos naturales y de evitar los procesados, en especial el azúcar. Pero la idea principal es que todos ya sabemos lo que debemos comer, así como lo que no debemos comer.

La clave es dejar de andarse con medias tintas y hacer las cosas bien. Ahora, pásame la salsa para los huevos rancheros.

Terminamos de desayunar y tenemos mucho que digerir, en todos los sentidos. Ve a descansar, toma una siesta en tu hotel, ve a dar una caminata por ahí. Asimila un poco más de Jackson, habla con los lugareños, empápate del lugar donde estarás toda la semana. Yo iré a recogerte cuando el sol se ponga.

Es tarde-noche y vamos en la camioneta; dejamos atrás el aeropuerto y nos dirigimos al Parque Nacional Grand Teton. Damos vuelta en Moose Junction y cruzamos el río Snake al tiempo que las sombras del ocaso se extienden sobre sus aguas. Seguimos la carretera Teton Park al interior del parque. El aire se siente tibio, pero no puedes evitar notar los delgados postes que se suceden a intervalos regulares en la orilla de la carretera. Están ahí para señalar la orilla del pavimentado cuando el camino está cubierto de nieve… y son más altos que la camioneta. ¿Cómo será esto —te preguntas mientras contemplas los verdes y marrones del bosque— durante el invierno, cuando todo está blanco?

En tanto tu mente divaga pensando en practicar el esquí de travesía o el ciclismo en nieve, nos estacionamos cerca de la orilla oriental del lago Jenny.

Aquí haremos otra carrera, y es un lugar diferente a todos los que has visto. Formado por glaciares hace 12 000 años y enmarcado por las cimas más elevadas de la cordillera Teton, el lago Jenny tiene 3.2 kilómetros de largo y 1.6 en su parte central, y su superficie cristalina refleja el cielo y las montañas como si se tratara de un espejo. Durante la siguiente hora esta postal viviente será el escenario de nuestro entrenamiento, aunque tu te concentrarás no en el paisaje circundante sino en tu propio paisaje mental.

Cuando iniciamos la carrera por el sendero de agujas de pino que rodea el lago te pido que pienses en la importancia de entrenar la mente tanto como el cuerpo. El pensamiento influye en el desempeño, punto. Hablaré mucho acerca de esto durante los días siguientes, pero ahora quiero abundar en el concepto de *conciencia*.

La conciencia favorece el control y la mejoría, el progreso y la maestría y, en última instancia, el nacimiento de nuevas posibilidades. De hecho, en muchos sentidos, lo que pensamos no es tan importante; lo importante es si somos conscientes de lo que pensamos y de cómo actuamos después de que lo pensamos. Por ejemplo, es natural que queramos saber qué nos espera en el futuro, preguntar antes de emprender algo: ¿qué va a ocurrir? ¿Cuál será el resultado? Nuestro pensamiento —nuestra necesidad de saber— es a menudo lo que nos impide realizar lo que queremos o soñamos hacer, en especial cuando no estamos seguros de si podremos hacerlo. Podemos llamarlo el miedo a lo desconocido, y puede inmovilizarnos antes de empezar. Pero si somos capaces de identificar ese temor —si somos *conscientes* de él— y seguimos adelante, entonces el camino a tus sueños estará despejado. Cuando vas por ese camino ocurren cosas muy locas. Locas y buenas. Eso es algo que he comprobado a lo largo de mi vida, y es el fundamento de mis empresas de atletismo y de mi filosofía del entrenamiento. Cuando nos embarcamos en una nueva aventura —ya sea de correr o de otro aspecto de nuestras vidas— es fundamental que no nos obsesionemos con el resultado. Sí, todo atleta tiene sus objetivos, y es necesario e importante tenerlos en mente, pero es imposible saber cómo resultarán las cosas, y eso es lo maravilloso.

No te haré un planteamiento puramente teórico (del tipo «esto es lo que es posible en teoría; ahora arréglatelas para descubrir cómo logarlo»). No, te enseñaré técnicas concretas. El viaje comienza ayudándote a identificar tus objetivos, lo que verdaderamente quieres lograr como corredor. Ya has practicado algo de visualización conmigo, pero habrá mucho más adelante.

También te enseñaré como utilizar mantras. No te preocupes; no me refiero a sentarse como buda, con las piernas cruzadas, incienso arremolinándose en torno a tu cabeza y canturreando «om» una y otra vez. Si eso es lo tuyo, genial, pero hay mantras de todos colores y sabores. Pueden ser una simple frase como «haz lo que debes hacer». Su poder reside en hacer converger tus pensamientos, en concentrar tu mente en tu objetivo.

Cuestiones muy cerebrales, literalmente, pero si confías en que puedo guiarte a cada paso de tu hazaña increíble, comprobarás que funciona.

Ahora aminora la marcha; siéntate a mi lado a la orilla del lago. Bien. Sé lo que estás pensando: adelante, quítate los zapatos; quiero que sumerjas esos pies cansados el agua fría del lago Jenny. Es agradable, ¿no? Con suerte sentirás una especie de flujo que corre a través de tu cuerpo, una sensación de relajamiento y conexión.

Permanecemos sentados un rato, sin hablar, simplemente asimilando todo.

Mira allá, en el vasto y azulado cielo de Wyoming. Un águila calva planea en círculos, aparentemente sin esfuerzo, siguiendo las corrientes de aire. Parece que todo, cualquier cosa, está a su alcance. Y se te ocurre que tal vez pudiera ser igual para ti.

3

LA FUERZA
VERDADERA

BUENO, ES MOMENTO de comenzar el entrenamiento, empezando por el de fuerza. Ya te adaptaste a Jackson Hole. Tal vez no te aclimatas aún a la altitud, pero te sientes ansioso de seguir avanzando en tu camino hacia tu hazaña increíble.

Nos encontramos en el Snow King Resort, a unos pasos de la plaza. Aquí es donde los lugareños vienen a esquiar. La pintura de las torres de ascensores está descarapelada pero, ¿qué importa? Estamos hablando de una vertical de 450 metros en menos de 3.2 kilómetros. Realmente empinado. En época no invernal, el complejo es un centro de aventuras completamente diferente. Hoy, los ciclistas de montaña piden aventón hacia la parte alta de la montaña para el descenso de sus vidas. Los excursionistas siguen los senderos al interior del denso bosque de pinos. Los parapentistas se precipitan por los cielos. Y no muy lejos de la mesa de *picnic* donde nos sentamos a platicar, tres escaladores hacen su llegada a la zona de búlder. Mira cómo utilizan sus cuerpos: demuestran mucha conciencia, mucha fortaleza aprovechable. Podemos aprender mucho de los escaladores; tú lo harás.

Dejemos de lado un momento la visualización. Si en verdad vinieras a Jackson para una sesión personalizada de entrenamiento, te enseñaría sobre la fortaleza, la postura, la cimentación estraté- gica para el corredor, la nutrición, la conciencia y sobre entrenar a la mente, todo de golpe. Pero gracias a este libro tenemos tiempo, así que ¿para qué apresurarse? En cada capítulo analizaremos un tema a profundidad. Te enseñaré la teoría, el porqué y el cómo nos concentramos en cada aspecto, y luego te presentaré un pro- grama específico que deberás seguir. Pero recuerda: estas leccio- nes no son independientes unas de otras; la fortaleza favorece la postura, la postura favorece la fortaleza, y lo mismo puede decirse de cada elemento. Un último comentario (o sugerencia): antes de poner en práctica cualquiera de los programas (por ejemplo, los ejercicios para el fortalecimiento del pie que se presentan en este capítulo), lee el libro hasta el final; entonces regresa y sumérgete en cada uno.

El libro está estructurado de manera tal que obtendrás ma- yores beneficios si adquieres primero una visión global del plan. Entonces, de manera ideal, comenzarás los ejercicios de fortaleza mientras trabajas tu postura (y el programa de transición-rejuve- necimiento), y continuarás con el programa para la cimentación estratégica para el corredor. Lo relacionado con la nutrición y la toma de conciencia se puede implementar y practicar a todo lo largo del programa.

Por último, en la parte final del libro, te enseñaré a ser tu pro- pio entrenador y a escuchar a tu cuerpo para que sigas sintiéndote bien y entrenando dentro de los límites de tu capacidad. También es importante señalar que puedes comenzar este programa de en- trenamiento solo si te sientes bien y no tienes lesiones. Si tienes dudas acerca de tu salud, consulta a un médico o a un fisiotera- peuta antes de arrancar con mi programa.

Bueno, estás de vuelta en Snow King. Tienes por delante otros seis días en Jackson y comenzaremos centrando nuestra atención en la fortaleza. Tal vez te parezca extraño. ¿Primero la fortaleza? ¿Cómo podemos hacer entrenamiento de fortaleza en un parque, en la base de una montaña para esquiar? ¿Y no he tenido ya bas- tante, como muchos otros corredores, de entrenamientos del tipo *cross-fit* en los que se hace de todo excepto correr?

Muchas preguntas, y eso es bueno: demuestra que estás interesado.

Primero, te pido que confíes en mí. Segundo, recuerda que la fortaleza favorece la postura y viceversa. Tercero, mi programa de fortaleza desarrolla tu condición general de atleta. Por último —y guardé lo mejor para el final—, esas largas horas en el gimnasio no van a desarrollar tu condición atlética. Sé que te gusta correr, y los arduos ejercicios de fortaleza que propongo te permitirán recorrer los senderos todo lo que tú quieras.

A lo largo de este día te explicaré exactamente qué entiendo por *fortaleza*, cómo y en qué partes del cuerpo debemos desarrollarla, y el papel que juega la conciencia en este proceso; finalmente, repasaremos un régimen de ejercicios. Al final de esta sesión conocerás y sentirás tu cuerpo como nunca antes.

Un nuevo concepto de fortaleza

Desecha tus nociones preconcebidas acerca de la fortaleza. No estamos hablando de levantar grandes pesas, de pasar de una máquina a otra en el gimnasio, ni de luchar por espacio en la clase de *cross-fit* o de fisicoculturismo del lunes por la mañana. Todo lo anterior cumple un propósito por diversas razones personales, pero mi desafío es que pienses distinto acerca de lo que debe ser un cuerpo fuerte para un corredor. Recuerda: los tarahumaras, además de grandes corredores, son grandes atletas.

Para mí, la fortaleza es la capacidad de utilizar la energía acumulada en los músculos, generar energía, propulsar y estabilizar movimientos con la mayor eficiencia posible. Es la capacidad de utilizar la energía para realizar una tarea en un tiempo determinado. Los corredores queremos cubrir una distancia, a menudo una larga, con una velocidad constante. No queremos agotarnos, no queremos sufrir un colapso ni perder la forma. Todo lo anterior requiere fortaleza.

Una parte integral de este concepto de fortaleza es el equilibrio. Queremos que el cuerpo entero actúe como una unidad, y desarrollamos eficiencia utilizando «bien» nuestro cuerpo y entrenándolo para que se mantenga equilibrado. El equilibrio muscular anula lo que yo llamo la *dominación de los músculos mayores* (piensa en los cuadríceps o en los pectorales) mediante el desarrollo de los músculos pequeños y de soporte (piensa en aquellos de los tobillos, la cadera y la columna) que con frecuencia se infrautilizan. El equilibrio favorece el movimiento, la estabilidad, la resistencia y la energía.

En mi experiencia como entrenador he visto a menudo que los pocos corredores que realizan entrenamiento de fuerza se concentran en desarrollar esos músculos mayores. Esto solo intensifica su dominación, hace que los otros músculos se debiliten o permanezcan inactivos, y promueve en el cuerpo un desequilibrio que pudo ya estar presente debido a una postura deficiente u otros problemas. El desequilibrio provoca tensión y es el origen de todos esos problemas bien conocidos por los corredores: rigidez en los músculos flexores de la cadera, en la parte posterior del muslo o en la banda iliotibial, dolor en los tendones de Aquiles o en la espalda baja, respiración ineficiente, la llamada *rodilla del corredor*, torso tieso, hombros encorvados o biomecánica ineficaz.

Y hablando de rigidez, permíteme repetir esto: la rigidez muscular crónica es resultado de la dominación muscular y de la activación dispareja de los músculos. Un cuerpo equilibrado no sufre rigidez crónica. Por tanto (y puede que esto te sorprenda porque se opone a la opinión generalizada), no debemos realizar estiramientos excesivos. La rigidez es una llamada de atención sobre un problema, y si bien los estiramientos pueden proporcionar alivio, no resolverán el asunto.

Recuerda: la tensión muscular es un elemento indispensable para tener rapidez y energía, para tener fortaleza. La comparación clásica es con una liga. Si estiras demasiado una liga, pierde su elasticidad y su utilidad. Las ligas deben tener tensión y elasticidad, y lo mismo aplica para nuestros músculos. Estos acumulan energía y actúan como resortes para liberarla. Eso es energía y velocidad. Eso es saludable.

Debemos desechar de una vez por todas la idea de que la fortaleza se mide según la cantidad de peso que podemos levantar, cuán duro trabajamos, o cuán rápido podemos recorrer cierto circuito. Asimismo, debemos evitar que un esfuerzo excesivo nos haga perder la forma. Debemos concentrarnos en el equilibrio, en accionar los músculos inactivos, y en generar vías neuromusculares que activen más músculos. Deja de pensar que un torso con una buena condición es un fin en sí mismo; mejor, piensa en cómo activas el torso al moverte y al correr. Lo mismo puede decirse de los pies, las pantorrillas, las corvas, los cuádriceps y los brazos.

El atletismo reúne muchos aspectos: implica moverse de manera correcta y eficiente; controlar este movimiento mediante la conciencia de lo que hace tu cuerpo en el espacio, de sus acciones y de cómo trabajan sus partes individuales. El entrenamiento de fuerza desarrolla la estabilidad y el equilibrio entre dichas partes, permitiéndoles trabajar de manera fluida, enérgica y conjunta en función de tus objetivos de atleta.

Pero tú quieres ver atletismo, quieres ver fuerza verdadera. Echa un vistazo a la zona de búlder: mira a esos escaladores con las manos cubiertas de tiza, estirándose hacia su siguiente posición. Observa sus piernas y brazos musculosos. Mira cómo se apalancan, balanceándose de un lado de su cuerpo al otro, siempre conscientes de dónde están, de adónde van. Sus movimientos son precisos pero relajados, y muestran ese equilibrio perfecto de energía y relajación. Kilo a kilo, centímetro a centímetro, los escaladores son sin lugar a dudas los atletas más fuertes, eficientes y equilibrados del planeta. Personifican la energía pura y austera, y son capaces de combinar la habilidad anaeróbica con la resistencia aeróbica. Eso es lo que vamos a construir en ti desde los cimientos, y lo digo literalmente.

Fuerza verdadera desde los cimientos

Fuerza en pies y piernas

Vamos a ponernos en pie. Apártate de la mesa de *picnic* y quítate zapatos y calcetas. Tal vez estés preguntándote qué son estos aparatos que acabo de sacar de mi maleta. Esta tabla de madera de 13 × 13 centímetros, con un soporte en uno de los lados y que parece una rampita, es una tabla inclinada. La tabla circular, de 13 centímetros de diámetro, con una esfera de madera en la parte de abajo es un disco de equilibrio. Los bastones para esquí, que hicieron que me miraras con extrañeza, te ayudarán a pararte sobre cualquiera de estas tablas. Estas son las herramientas que utilizarás para desarrollar fortaleza en los pies y las piernas en el programa de ejercicios que detallaré a continuación.

Sí: los pies. Casi nunca se habla de la necesidad de que un corredor sea atlético, y de la fortaleza que esto conlleva. Y se habla aún menos sobre la fortaleza del pie. Esto es verdaderamente extraño, pues la anatomía de los pies —los dedos, el arco, el talón— determina nuestra capacidad de correr. Puede afirmarse incluso que determinó nuestra capacidad de supervivencia y de progreso en nuestra etapa de cazadores-recolectores. Nuestros pies, con sus muchos huesos, articulaciones y músculos, tendones y ligamentos, son fundamentales para la fortaleza y el equilibrio atléticos. A la mayoría de los atletas no se les ocurre que pueden entrenar sus pies, simplemente no es algo en lo que pensemos. Pero podemos y debemos pensar en hacerlo con la misma diligencia con la que entrenamos el torso.

Para los corredores, los pies son más que un aspecto esencial de la fortaleza. Todo comienza con ellos. Son los que preparan el escenario para las piernas, y por supuesto que debemos montar el mejor escenario posible.

¿Y por qué te pedí que te quitaras los zapatos? No soy uno de esos fanáticos que afirman que correr descalzo va a resolver todos tus problemas, pero sí pido a mis atletas que trabajen descalzos durante el entrenamiento de fuerza. Los zapatos pueden inhibir el movimiento natural y definitivamente impiden que sintamos el suelo. Como vamos a desarrollar tu postura partiendo de los pies, es fundamental que tomes consciencia de cómo los usas y de qué manera influyen en tu desempeño. Por lo anterior, es indispensable que realices descalzo los ejercicios.

Y hablando de zapatos: la última vez que fuiste a la zapatería ¿te dijeron que tenías pie plano, prono (vuelto hacia la parte externa del pie) o supino (vuelto hacia la parte interna)? Pues no eres el único. A menudo, vendedores bienintencionados nos dicen que necesitamos cierto tipo de zapato o de plantilla para neutralizar el problema, pero se equivocan. La pronación y la supinación se deben fundamentalmente a la falta de estabilidad en el pie, así que el fortalecimiento de esta extremidad será el único remedio que necesitarás (¡y además es natural!). Es lo mismo con el pie plano. Yo tenía el arco demasiado bajo, y gracias a mi rutina de ejercicios para fortalecer el pie, ahora tengo un arco firme y elevado.

Por el momento dejemos de lado la tabla inclinada y el disco de equilibrio. Haremos una prueba rápida para ver qué tan fuertes son tus pies. Equilíbrate sobre un pie. Puede ser difícil pero no imposible, ¿cierto? Ahora equilíbrate sobre el antepié, de manera que tus talones no toquen el piso. Intenta mantener esa posición durante 30 segundos. No es tan sencillo como parece, ¿verdad? Probablemente debiste esforzarte para mantener el equilibrio sin que tu arco se derrumbara (eso en caso de que lograras mantener los talones sin tocar el piso por un tiempo).

Bueno, volvamos y sentémonos. Si lo necesitas, hazle masaje a tus pies. Tengo que explicarte otras cosas.

La falta de fuerza en el pie reduce la estabilidad, y la estabilidad es el requisito para impulsarse eficientemente hacia delante. Sin ella somos como una casa con una infraestructura débil. Con el tiempo las cosas se vienen abajo. A esto me refiero cuando digo que la fuerza del pie monta el escenario para todo lo demás. Es así porque está interconectado con toda la parte baja del cuerpo: tobillos, pantorrillas, rodillas y glúteos. Cuando te equilibraste sobre el antepié, ¿sentiste un ardor que subía lentamente por las pantorrillas hasta los glúteos? Caso cerrado.

Estas interconexiones hacen imposible que los corredores separemos la fuerza del pie y la fuerza de la pierna. Si utilizas adecuadamente el pie (mediante la fuerza, la conciencia y la postura correcta) generarás lo que yo llamo *activación muscular a todo lo largo de la pierna*, así como equilibrio muscular. El entrenamiento del pie permite que los músculos de la pierna se activen de manera correcta. Esto acciona más fibras musculares y origina economía y eficiencia. Aquí no se trata de desarrollar músculos más grandes; se trata de invitar a la fiesta a más músculos y fibras, para generar más fuerza, energía y estabilidad.

Una advertencia: cuando empieces el programa de ejercicios con tabla inclinada, que te mostraré a continuación, es probable que resientas en los pies el embate del esfuerzo. Sin embargo, conforme adquieras fuerza en el pie, accionarás más músculos desde la pantorrilla hasta los glúteos, y empezarás a sentir un ardor satisfactorio en estas partes y no en los pies. En otras palabras, lo sentirás en donde lo necesitas.

Puede que ya te haya convencido de la dinámica del pie, la pierna y la fuerza, pero quiero hablarte de un problema muy común que se presenta cuando no contamos con una base sólida. Es característico del hecho de que todos los dolores y lesiones que se producen al correr no son normales y sencillamente no tienen razón de ser. Pero ya lo comprobarás durante el tiempo que trabajaremos juntos.

El músculo glúteo medio se localiza en la cadera (piensa en el lugar que queda entre los bolsillos delantero y trasero de los *jeans*). Es el músculo más importante para la estabilidad al correr. La debilidad del glúteo medio —o, más específicamente, su inadecuada activación— es la principal responsable de que los atletas no puedan alcanzar su máximo desempeño, y de la mayoría de sus dolencias. Y aquí también, la efectividad del glúteo medio comienza con los pies.

En un cuerpo ideal, con una postura ideal para correr, el antepié es el primero que toca el suelo; el dedo gordo y el arco estabilizan al resto del pie, y entonces el talón hace contacto con el piso. Luego el pie se separa del suelo empezando por el antepié, lo sigue el talón, y entonces las pantorrillas se activan. El tobillo y la rodilla permanecen alineados, los músculos del muslo hacen su trabajo, y el glúteo medio entra en acción para estabilizar las caderas mientras nos impulsamos hacia delante. Corremos erguidos y de manera enérgica.

Ahora bien, en una situación menos ideal, y más común, los pies carecen de la fuerza necesaria, lo que acarrea una avalancha de problemas: los talones no se elevan como deberían, los tobillos y rodillas pierden alineación, las pantorrillas no se activan adecuadamente, los cuadríceps trabajan en exceso, y el glúteo medio no se activa.

Cuando el glúteo medio no cumple su tarea principal, estabilizar el cuerpo al correr, las caderas se mueven de izquierda a derecha. Tal vez no veas ni sientas ese movimiento, pero la mayoría de los corredores lo presenta. Los flexores de la cadera entran en acción para estabilizar al cuerpo, pero no están diseñados para ese fin. Su tarea es levantar la pierna, pero si se les requiere para estabilizar, lo harán, en perjuicio de ellos y tuyo.

Con el tiempo, en esta situación poco ideal, nos desestabilizamos aun más debido a que algunos músculos (en concreto, los cuadríceps y los flexores de la cadera) se vuelvan dominantes y se pongan rígidos por el uso excesivo. Por su parte, las pantorrillas y el glúteo medio se debilitan por la falta de uso. Aquí es donde surgen los dolores de cadera, pantorrilla, rodillas y tendón de Aquiles.

¿Padeces dolor en la banda iliotibial, o te han dicho que todos tus problemas surgen de ella? Pues bien, esta rigidez frecuentemente es resultado del uso excesivo de los cuadríceps. El trabajo desproporcionado de estos músculos provoca tensión en la fibras de la banda iliotibial y en los músculos que están unidos a la rodilla. Y de repente, ¡bum!, dolor de rodillas.

Por lo general, el origen de los problemas no está en el área donde sentimos dolor, molestia o rigidez. Aun así, nos concentramos en tratar el área y no el origen. No tenemos por qué ser corredores rígidos o lesionados. Desarrolla fortaleza, empezando por los pies, y romperás el ciclo que nos quebranta.

He dedicado bastante tiempo a hablar del dolor y las lesiones; estoy seguro de que muchos tienen estos problemas, pero también sé que hay muchos otros que no. Los felicito. Pero no le resten importancia al fortalecimiento de pies y piernas: esto fomentará la economía y la eficiencia; en pocas palabras, mejorará su desempeño.

Así pues, establezcan todos un nuevo ciclo que promueva el equilibrio y la estabilidad muscular; con ello correrán más rápido, con mayor eficiencia y con menos dolor o rigidez, y adquirirán más fuerza. ¡Sigan adelante!

Modelos de fortaleza: los tarahumaras

Durante mi estancia en Urique, en los días previos a la carrera de la Barranca del Cobre, dediqué todo el tiempo que pude a observar y a interactuar con los tarahumaras. Quería averiguar cómo habían llegado a ser unos corredores de resistencia tan increíbles. ¿De dónde provenía esa capacidad de correr más de 160 kilómetros en un día, en un terreno tan difícil?

Encontré su "receta especial": no es que tengan mayor masa muscular o alguna otra ventaja anatómica. Son muchos factores combinados: el hecho de correr grandes distancias desde la infancia, la alimentación, el terreno, el calzado, los juegos, y un estilo de vida construido alrededor del movimiento. Pero esta receta no es mágica ni sorprendente. Mucho de lo que observé en los tarahumaras ya lo había descubierto en mis atletas. Más que una revelación, el tiempo que pasé en México fue una reafirmación de la nueva "receta" que había desarrollado en mi trabajo como entrenador. Y en el ámbito del entrenamiento de corredores, que es a la vez un arte y una ciencia, la reafirmación es algo magnífico y poderoso.

En lo que se refiere a la fortaleza, los tarahumaras tienen toda la que necesitan para las carreras de resistencia. Comprendí esto cuando Manuel, una especie de abuelo para todo el pueblo, le ofreció a Barefoot Ted confeccionarle un par de huaraches. Con poco menos de sesenta años, y con una gorra de los Yankees cubriendo su cabello todavía completamente negro, Manuel había participado en la primera carrera de Leadville a la que habían asistido los tarahumaras.

Mientras elaboraba los huaraches permanecía en cuclillas a un lado de la calle principal de Urique. Con los pies completamente apoyados en el piso y el trasero muy abajo, casi tocando el suelo, aserraba una vieja llanta con su cuchillo. ¿Y qué tiene eso de especial?, te preguntarás. Intenta ponerte en cuclillas; ve qué tanto puedes acercar el trasero al piso sin que tus rodillas se vuelvan hacia adentro. Tal vez tu posición en cuclillas es más bien una flexión de la cadera. La habilidad de Manuel para permanecer en cuclillas aproximadamente por una hora, mientras trabajaba con las manos, es prueba de una gran estabilidad, movilidad y equilibrio muscular.

El los días que siguieron, mientras corríamos por los senderos que Manuel y los demás tarahumaras suelen transitar, resultó evidente de qué manera habían desarrollado su fortaleza, así como el papel esencial que desempeñan los pies en el atletismo. Los senderos que atraviesan las escarpadas cañadas que circundan Urique son muy distintos a los caminos bien definidos y transitados a los que estamos habituados en Estados Unidos. Son escabrosos y disparejos, y están llenos de piedras y baches de todas las formas y tamaños. Correr por estos senderos exige no solo atención sino que el pie tenga la capacidad de posarse sobre las piedras en distintos ángulos, y luego levantarse desde el empeine para seguir avanzando.

Más aún: al recorrer la Barranca del Cobre es raro que ambos pies pisen en terreno plano. Lo común es que uno se apoye sobre una roca inclinada mientras el otro pisa en el suelo. Esto requiere mantener el equilibrio, dar zancadas y acuclillarse. Los tarahumaras corren de esta manera frecuentemente, día tras día, a través de largas distancias y escalando o bajando montañas. Lo hacen con sus huaraches planos y desgastados, siendo sus pies y rodillas los únicos amortiguadores. En tramos especialmente pedregosos, básicamente hacen sentadillas sobre una sola pierna al tiempo que avanzan a toda velocidad. Han entrenado sus cuerpos para moverse de manera enérgica y con una estabilidad increíble, y lo hacen con toda naturalidad. Nada de pesas, nada de técnicas de levantamiento lento enfocado en un solo músculo.

En muchos aspectos, mi programa de ejercicios en la tabla inclinada y el disco de equilibrio recrea los movimientos y las exigencias sobre los pies y las piernas que vi experimentar a Manuel y a otros al correr en los senderos de la Barranca del Cobre. Así pues, cuando estés trabajando en este programa piensa que estás desarrollando la fortaleza de los tarahumaras.

La fuerza del torso y las extremidades superiores

Es hora de dejar la mesa de *picnic* en la parte más baja del Snow King Resort. Esas laderas no han dejado de mirarnos y suplicarnos que les prestemos atención. No iremos muy lejos. La altitud y la pendiente tan pronunciada causarán estragos más temprano que tarde.

Listos… ¡fuera!

Oye, lo estás haciendo bastante bien. Dicen que el conocimiento es poder, y parece que tu paso se ha vuelto más ágil ahora que sabes cómo debe funcionar el cuerpo. Siente tus pies, siente cómo chocan contra la pendiente. Aunque uses calzado, corre como si no lo tuvieras, como si con cada paso aporrearas el sendero con los pies descalzos. Siente cómo se activan tus pantorrillas. Toma conciencia de tus glúteos y cuadríceps. ¿Están trabajando? ¿Con cuánta intensidad? Es increíble cuán rápido se presenta esa sensación de ardor en un ascenso pronunciado.

Ahora sigue corriendo pero concéntrate en tu torso y en las extremidades superiores. Observa cómo los brazos guían a las piernas. Álzalos más alto; siente cómo tus piernas se elevan también. Es como si fueras una marioneta, como si tus manos estuvieran unidas con un hilo a la rodilla del lado contrario.

Quiero que cada vez seas más consciente de lo que sucede por encima de tu cadera. Siente cómo trabajas el torso y las extremidades superiores. Cuando empieces a cansarte —y créeme, vas a cansarte en este monte colosal— nota cómo cambia tu postura: ¿está caída, con los hombros encorvados y el estómago hundido, incapaz de respirar adecuadamente? O bien, aunque sientes ese ardor en las piernas, ¿tu espalda sigue recta como una tabla, los hombros derechos y el estómago firme y generando aspiraciones profundas, regulares y, sobre todo, relajadas? En cualquier caso, la diferencia se debe en buena medida a la fortaleza del torso y de las extremidades superiores.

La fortaleza de la que hablamos aquí no es distinta a la de los pies y las piernas. Lo que buscamos es resistencia, estabilidad, energía, movilidad y el imprescindible equilibrio muscular. Si lo que quieres es tener grandes pectorales, un cuello diminuto y bíceps de Popeye, lo que necesitas es ir a la playa de Venice en California. Pero aquí en Jackson serás objeto de todas las miradas y alguna que otra risita. Gracias al furor que hay aquí por los deportes extremos, la mayoría sabemos reconocer la auténtica fortaleza. Recuerda a los escaladores que vimos allá abajo en la zona de búlder; como ya dije, ellos personifican el ideal del atletismo.

Ahora, baja la velocidad y detente. Si lo necesitas, apoya tus manos en las rodillas y respira. Toma, bebe un poco de agua de mi botella y mira alrededor: no hay más que montañas y cielo en todas direcciones. ¿Ves allá los grandes Tetons, con 400 metros de altitud? Dentro de poco explorarás también esas montañas.

El fortalecimiento del torso y de las extremidades superiores da muchas ventajas al correr. Balanceamos mejor los brazos y nos movemos con más soltura. Activamos los músculos que se extienden a lo largo de la columna vertebral y que protegen a todo el cuerpo, lo que nos permite correr erguidos y con mayor estabilidad. Respiramos con facilidad. Corremos más relajados. Mantenemos una buena postura por más tiempo, en especial durante esos kilómetros finales cuando sentimos que todo va a colapsar.

En contraste, si no fortalecemos el cuerpo en su totalidad, surgen los problemas. La interconexión es un arma de dos filos. Prácticamente todos los corredores tienden a encorvar los hombros, lo que genera rigidez en los pectorales, lo que produce tensión en los músculos de la espalda, lo que provoca dolor al correr y, seamos honestos, al realizar cualquier actividad cotidiana. Los hombros encorvados también afectan la respiración y la movilidad de los brazos y del torso. Sin dicha movilidad, el torso de mueve de un lado a otro cuando corremos. Esto menoscaba nuestra eficiencia y nuestro equilibrio, y cuando nos cansamos —muy pronto, por cierto— empezamos a inclinarnos al frente y a encorvarnos.

Lo mismo ocurre si nuestro torso, en especial los músculos del abdomen y de la espalda baja, son débiles o no se activan como deberían. ¿Alguna vez, durante una carrera larga, has sentido ese molesto dolor entre los omóplatos y la columna vertebral, o que los músculos de tu espalda te duelen al respirar? Si respondiste afirmativamente, debes trabajar en tu torso y en las extremidades superiores. Pero no te preocupes: todos debemos hacerlo.

Este entrenamiento emulará muchos de los movimientos que realizan los escaladores al trepar las formaciones de piedra. Hay muchos movimientos hacia atrás y hacia delante, de un lado a otro, y tridimensionales. Deberás mantener algunos músculos quietos por mucho tiempo mientras mueves otras partes de tu cuerpo (lo que se conoce como movimientos isométricos). Imagina a un escalador que se aferra con las manos a una roca mientras balacea lateralmente la parte inferior de su cuerpo para alcanzar un nuevo punto de apoyo.

Para correr, al igual que para escalar, el cuerpo debe moverse y estabilizarse simultáneamente en partes distintas. Esta es la habilidad que adquirirás mediante los ejercicios con la pelota de ejercicios.

Sé que estas ansioso por empezar con el programa de ejercicios ahora que conoces los beneficios la fortaleza y del equilibrio muscular en todo el cuerpo. Pero ten paciencia: ya tendrás mucho tiempo para utilizar músculos que ni siquiera sabías que existían. Mientras descendemos por la pendiente hablaremos de la importancia de la conciencia para la realización del programa.

Conciencia y entrenamiento de fuerza

Si durante un ascenso sin cuerda un escalador se distrae, descuida su postura o realiza un movimiento equivocado, se verá en graves problemas (de esos que pueden romperte la espalda). Las consecuencias de la falta de conciencia no son tan graves para los corredores; sin embargo, si queremos aprovechar las grandes ventajas del entrenamiento de fuerza, debemos concentrarnos y mantener nuestros sentidos atentos a todo lo largo del programa.

La ventaja de los ejercicios que he diseñado es que también incrementarán tus niveles de conciencia. Los ejercicios con la tabla inclinada te obligarán a ver cómo estás usando el dedo gordo, el arco y el resto del pie. En otros ejercicios estabilizarás unas partes de tu cuerpo mientras mueves otras, y no podrás sino tomar conciencia de cómo actúa y reacciona tu cuerpo, de dónde hay tensión o flacidez.

Muchos de los ejercicios requieren una estrecha atención a la postura. Deberás realizar movimientos que no podrás ver y que por lo mismo deberás sentir, lo que favorece la conciencia de cómo se está moviendo tu cuerpo. Esto fomenta el entendimiento de cómo se mueve tu cuerpo, y de cómo necesita relajarse para funcionar de manera enérgica y eficiente. Los mejores ejercicios son los que exigen al mismo tiempo un gran esfuerzo mental y físico.

Además de fomentar la fuerza, esta conciencia desarrolla también la memoria muscular. Mientras más ejercicios realices, mejor sabrán tus músculos qué hacer y cómo mantener el equilibrio. Ellos sentirán qué es correcto y benéfico antes de que tú piense siquiera en ello.

La conciencia mejora el desempeño, y si mantienes esa conciencia a lo largo del programa de fuerza obtendrás grandes resultados, especialmente cuando empieces a trabajar en la postura para correr.

Programa de fuerza verdadera

Filosofía del ejercicio

Imagina que eres un practicante de artes marciales. Actúa de manera consciente; esfuérzate para que tus movimientos sean los correctos. Déjame repetir esto: la conciencia y la postura son fundamentales, y aparte de estar descalzo (y sin calcetas) al realizar este programa, son los únicos requisitos. Obedece estas normas y con la práctica adquirirás fortaleza. De nada sirve ir contando las repeticiones si a la mitad de la serie pierdes la postura correcta. *Más* no siempre es *mejor*. Lo mejor es lo mejor. Haz una pausa, lee de nuevo esta aserción y entiéndela: lo mejor es lo mejor. Haz lo necesario para realizar correctamente estos ejercicios.

Por mi experiencia como atleta y entrenador sé que el impulso inicial de la mayoría de las personas es realizar todos los ejercicios en todas las sesiones de entrenamiento. Deshazte de esa mentalidad; lo importante es tu compromiso con el programa. Haz lo que puedas, cuando puedas, pero no dejes de hacerlo. Como nuestro objetivo es el equilibrio —trabajar los grandes músculos dominantes así como los de soporte—, puedes practicar estos ejercicios con frecuencia, lo que no puede hacerse con los ejercicios tradicionales del entrenamiento de fuerza. Es probable que al principio te sientas adolorido y requieras unos días de descanso, pero eso pasará.

Ser constante significa tratar de hacer por lo menos un poco cada día. Sé que tienes una vida muy ocupada, pero la ventaja de este programa es no solo que *puedes* trabajarlo todos los días: es conveniente que lo hagas. Un día puedes realizar uno o dos ejercicios, si es lo que tus actividades te permiten. Luego, cuando tengas la oportunidad, practica todo el circuito. Asimismo, procura realizar algunos de los ejercicios en la tabla inclinada justo antes de correr. Los ejercicios activarán los músculos y te darán la sensación de las posturas correctas antes de que salgas a los caminos. No estoy hablando de una hora de entrenamiento de fuerza para una carrera de 32 kilómetros. Con un poco se consigue mucho, y lo mismo puede decirse del sentido común.

Cuando empieces con estos ejercicios hazlo lentamente; no te adelantes a tu nivel de habilidad. El programa está diseñado de manera progresiva; al principio no podrás realizar algunos de los últimos ejercicios. No hay problema. Ten paciencia y humildad. Como dije, trabaja como un practicante de artes marciales: pondera cada movimiento y sé constante. Con estos ejercicios lograrás mejorar; desarrollaras fortaleza ahí donde la necesitas; serás más fuerte de lo que jamás imaginaste, y desarrollaras la memoria muscular que te ayudará cuando trabajes la postura para correr.

Sé creativo también. Evita la rutina. Te daré algunos consejos sobre cómo plantearte nuevos desafíos pero evita depender de mí. Modifica el número de repeticiones (ocho, diez, doce, o series de dos o tres) y varía la extensión de las series (la cantidad de ejercicios que realizarás), la velocidad con que haces cada movimiento, e incluso el lugar donde te ejercitas. Hazlo en los senderos o en el parque. Trabaja en tu sala mientras escuchas música. Diviértete.

Una última cuestión, y tenla en mente siempre que te ejercites: este programa de ejercicios para los pies y las piernas, y para el torso y las extremidades superiores, no está diseñado para mejorar tu desempeño en el entrenamiento de fuerza. Su objetivo es mejorar tu capacidad atlética: entrenar tu cuerpo para trabajar en armonía, con equilibrio y fuerza, de manera que corras de manera más natural y mejor. La buena postura y la conciencia te permitirán alcanzar esto.

Equipo

Para seguir este programa necesitas un poco de equipo. A continuación encontrarás una breve guía de por qué utilizo cada una de estas herramientas y de cuál debes comprar (o buscar en tu gimnasio). Ninguna de ellas te dejará en bancarrota, y es importante que cuentes con ellas antes de comenzar.

1. Tabla inclinada

Este aparato fue toda una revelación para mí. Al principio puede despertar escepticismo: ¿una rampita de madera? ¿Qué utilidad podría tener? Y los ejercicios, ¡parecen tan simples! Uno de mis atletas los calificó de ñoños… hasta que empezó a hacerlos. Al igual que mis demás atletas, sintió al instante cómo la tabla inclinada ponía a trabajar sus pies, en particular al dedo gordo. Al colocar su pie en distintos ángulos sobre la tabla activó los músculos desde el pie hasta la cadera. Tú harás lo mismo. Al cabo de un par de semanas de usar la tabla inclinada desarrollarás una increíble fortaleza en el pie y gran estabilidad. Estos ejercicios son sencillos y eficaces, y pueden practicarse todos los días.

Yo mandé construir unas tablas inclinadas portátiles; su tamaño está pensado para apoyar en ellas solamente el antepié, y cuentan con una pieza de madera en la base de la rampa que la hace más útil gracias a que produce un movimiento de bamboleo. Puedes encontrarlas en <www.runningwitheric.com>. Estoy seguro de que disfrutarás los peculiares desafíos que ofrece. Por otra parte, puedes encontrar varias clases de tablas inclinadas en internet y en la mayoría de los gimnasios (se usan normalmente para ejercitar las pantorrillas) con las que podrás realizar sin problemas los ejercicios. Las hay de todas formas y tamaños; solo procura que la que compres se parezca a la mía.

2. Disco de equilibrio

Comenzando con la tabla inclinada, empezarás a hacer ejercicios en los que tus pies no estarán planos sobre el piso: trabajarás sobre el antepié, con el talón elevado, reproduciendo la posición del pie al tocar el suelo en una carrera. Cuando hayas adquirido cierta fuerza en los pies con la tabla inclinada continuarás con el disco de equilibrio. Este incrementa el movimiento bajo el antepié y por tanto fomenta un desarrollo aun mayor del equilibrio muscular. Este disquito aparentemente inofensivo activará un montón de fibras musculares y desarrollará una fuerza increíble sin generar volumen.

Al igual que mi tabla inclinada, los discos que mandé construir son perfectos para estos ejercicios de un solo pie y son fáciles de transportar. Puedes encontrarlos en <www.runningwitheric.com>. También puedes encontrar discos estabilizadores en tu gimnasio y en internet; igualmente, los hay de varias formas y de diferentes nombres, así que compáralos con el mío para que adquieras el adecuado.

3. Pelota de ejercicios

Todos conocemos estas pelotas de equilibrio, grandes y resistentes, originarias de Suiza (de ahí uno de sus nombres: *balón suizo*). En un principio se utilizaron en el tratamiento de pacientes con parálisis cerebral. Primero los médicos, luego los terapeutas físicos y ahora los entrenadores y los atletas les han encontrado utilidad para toda clase de ejercicios. A diferencia de los ejercicios sobre superficies planas y estables, el trabajo con la pelota nos obliga a mantener el equilibrio y a activar más músculos, por lo general aquellos pequeños y de apoyo que favorecen el equilibrio en la parte superior de cuerpo. Las pelotas de ejercicio se venden en casi todos los gimnasios y tiendas de deportes. No olvides revisar la tabla de alturas en el empaque (o en la página de internet) para que compres la pelota del tamaño adecuado para tu cuerpo.

4. Bastones para esquí

Sí, leíste bien: bastones para esquí, aunque unos bastones comunes o unos palos de escoba sirven también. No hay mucho más que decir aquí aparte de que te ayudarán a mantener la posición y la postura en los ejercicios para fortalecer pies y piernas. Solo piensa que le sacarás más provecho a ese costoso equipo para esquí.

Programa de fuerza verdadera para pies, piernas y glúteos

A. Serie de equilibrio en tabla inclinada

En primer lugar, para sentar los cimientos, nos concentraremos en fortalecer los pies. Estos ejercicios te darán una buena idea de cómo reaccionan tus pies a la estabilidad y a la fuerza necesarias para pararte sobre el antepié, con el talón elevado. Con la práctica, estos ejercicios equilibrarán y e igualarán el trabajo de los músculos de toda la pierna.

Instrucciones generales

- ► Realiza la secuencia para tabla inclinada de tres a cinco veces por semana.
- ► Los tres ejercicios que se describen a continuación siguen una secuencia. No deben practicarse juntos. Hay que dominar el primero antes de pasar al segundo.
- ► Son perfectos para activar los músculos de las piernas antes de una carrera.
- ► Trabaja siempre sin zapatos y sin calcetas.
- ► Concéntrate en utilizar el dedo gordo para lograr la estabilidad y el equilibrio.
- ► Sostén los bastones perpendiculares al piso. Mientras más relajado sea tu agarre, mejor.
- ► Si es posible, ejercítate frente a un espejo.
- ► En cada uno de estos ejercicios utilizarás las siguientes tres posiciones:

  - ▪ Cuesta arriba (el dedo gordo paralelo y adyacente al borde superior de la rampa).
  - ▪ Cuesta abajo (el dedo gordo paralelo y adyacente al borde inferior de la rampa).

- Hacia delante (el dedo gordo perpendicular y adyacente al borde superior de la rampa).

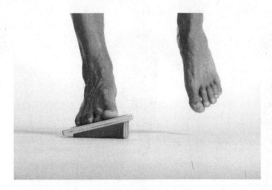

Cuesta arriba

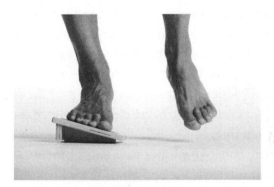

Cuesta abajo

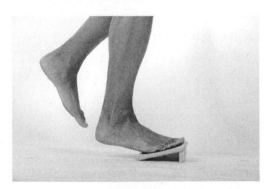

Hacia delante

1. EJERCICIO DE EQUILIBRIO CON DOS BASTONES

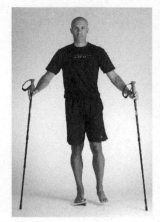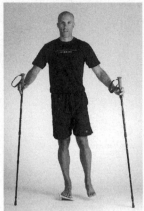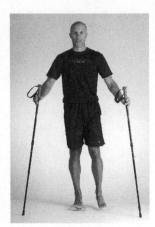

Con el pie derecho, sube a la tabla inclinada apoyándote en el antepié, y eleva el arco y el talón lo más que puedas. Equilíbrate con la pierna recta y la rodilla trabada para activar el glúteo, y mantén esa posición el mayor tiempo posible hasta un máximo de uno o dos minutos. Practica las tres posiciones para la tabla inclinada (cuesta arriba, cuesta abajo, hacia delante), alternando las piernas después de cada una.

► Ayúdate con los bastones para equilibrarte, pero no los uses como muletas. No te apoyes ni te inclines sobre ellos.

► Cuando puedas mantener fácilmente el equilibrio con dos bastones durante dos minutos (con el arco y el talón elevados, y sin flexionar en exceso la rodilla), estarás listo para el ejercicio con un solo bastón.

2. Ejercicio de equilibrio con un bastón

Sigue las mismas instrucciones del equilibrio con dos bastones, pero ayúdate solamente con un bastón para estabilizarte. Aquí empezarás a sentir cuán difícil puede ser este ejercicio. Practica las tres posiciones para la tabla inclinada (cuesta arriba, cuesta abajo, hacia delante) alternado los pies después de cada una.

- ► Ahora que cuentas con un solo bastón tus músculos trabajarán un poco más para mantenerte equilibrado. No te preocupes tanto por mantener el cuerpo erguido o la pierna recta.
- ► Cambia de mano el bastón para ejercitar tu equilibrio de distintas maneras.
- ► Cuando puedas mantener fácilmente el equilibrio con un bastón durante dos minutos (con el arco y el talón elevados, y sin flexionar en exceso la rodilla), estarás listo para ejercicio sin bastones.

3. Ejercicio de equilibrio sin bastón

Esta es una maniobra bastante difícil. Sigue las instrucciones de los ejercicios anteriores pero sin ayuda de bastones. Mantén el equilibrio lo más que puedas (hasta un máximo de un minuto), de tres a cinco veces con cada pie, antes de pasar a otra de las tres posiciones para la tabla inclinada. Practica las tres posiciones para la tabla inclinada (cuesta arriba, cuesta abajo, hacia delante) alternado los pies después de cada una.

- ► A diferencia de los dos ejercicios anteriores, en este tu cuerpo se moverá y contorsionará. Diviértete y esfuérzate en mantener el equilibrio.
- ► Concéntrate en equilibrarte con los pies, no con el resto del cuerpo. Procura que tus movimientos y contorsiones sean lentas, y ayúdate con los brazos. Evita las sacudidas bruscas. Mantente relajado.

B. Serie de movimientos sobre la tabla inclinada

El siguiente grupo de ejercicios también fortalece el pie, pero incorpora el movimiento, lo que incrementará la actividad de pantorrillas, cuadríceps y glúteos. Mantener el equilibro será todo un desafío, y te ayudará a correr con mayor economía y mejor postura.

Instrucciones generales

▶ Empieza esta serie de ejercicios al mismo tiempo que la serie de equilibrio en tabla inclinada.

▶ Úsala como un circuito de entrenamiento: realiza los ejercicios uno tras otro, de tres a cinco veces por semana.

▶ Es perfecta para activar los músculos de las piernas antes de una carrera.

▶ Trabaja siempre sin zapatos y sin calcetas.

▶ Concéntrate en utilizar el dedo gordo para lograr la estabilidad y el equilibrio.

▶ Sostén los bastones perpendiculares al piso. Mientras más relajado sea tu agarre, mejor. Usa los bastones —son tus amigos— pero no te apoyes en ellos.

▶ Si es posible, ejercítate frente a un espejo.

▶ A diferencia de la serie de equilibrio, hay una sola posición para cada ejercicio en la tabla inclinada.

▶ Estos ejercicios trabajan los músculos de la pierna que está sobre la tabla inclinada (pierna apoyada), no los de la pierna levantada (pierna móvil).

▶ En estos ejercicios es muy importante que la pierna apoyada se mantenga recta. Traba las rodillas.

1. Levantamiento lateral

Con el pie derecho, sube a la tabla inclinada en posición cuesta arriba y eleva el arco y el talón lo más que puedas. Ahora equilíbrate sobre el pie derecho de manera que la pierna derecha (pierna apoyada) esté recta y la rodilla trabada. Mantén la pierna izquierda (pierna móvil) recta también y el pic izquierdo alzado. Mueve la pierna izquierda a un lado, alejándola de la derecha. Detente uno o dos segundos cuando llegues al límite del rango de movimiento; luego baja la pierna a su posición inicial.

- ► El movimiento lateral debe ser fluido y controlado. Aquí no buscamos un rango amplio de movimiento ni velocidad. Tampoco es un ejercicio de estiramiento.
- ► Mantén siempre rectos el pie y los dedos de la pierna móvil.
- ► La cadera debe mantenerse nivelada y estable durante el movimiento de la pierna.
- ► Esta posición favorece la movilidad y la flexibilidad para quienes tienen un arco elevado.
- ► Aumenta gradualmente el número de repeticiones hasta alcanzar un máximo de 20 o 25 con cada pierna. Ejercítate dentro de los límites de tu capacidad, siempre con el talón elevado y la pierna recta.

2. LEVANTAMIENTO DE RANA

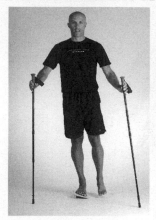

Empezando con el pie derecho, sube a la tabla inclinada en posición cuesta abajo y eleva el arco y el talón lo más que puedas. Equilíbrate sobre el pie derecho de manera que la pierna derecha (pierna apoyada) esté recta y la rodilla trabada. Mantén la pierna izquierda (pierna móvil) recta también, y el pie izquierdo alzado. Luego, flexiona la pierna izquierda y simultáneamente levántala, alejándola de la pierna derecha. Detente uno o dos segundos en el límite del rango de movimiento, con el tobillo a la misma altura de la rodilla. Finalmente, baja la pierna izquierda a su posición inicial.

► Este ejercicio consiste en un levantamiento lateral con la rodilla flexionada (a diferencia del ejercicio anterior que era con la pierna recta). Debes flexionar la pierna izquierda con un ángulo de 90°, y el tobillo debe quedar a la misma altura de la rodilla.

► El movimiento debe ser fluido y controlado. Aquí no buscamos un rango amplio de movimiento ni velocidad. Tampoco es un ejercicio de estiramiento.

► La cadera debe mantenerse nivelada y estable durante el movimiento de la pierna.

► Esta posición es benéfica para quienes tienen el pie plano, pues fortalece el arco.

► Aumenta gradualmente el número de repeticiones hasta alcanzar un máximo de 20 o 25 con cada pierna. Ejercítate dentro de los límites de tu capacidad, siempre con el talón elevado y la pierna recta.

3. ELEVACIÓN DE RODILLA

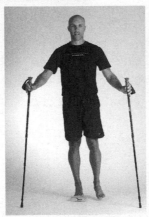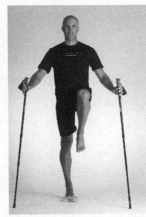

Empezando con el pie derecho, sube a la tabla inclinada en posición hacia delante y eleva el arco y el talón lo más que puedas. Equilíbrate sobre el pie derecho de manera que la pierna derecha (pierna apoyada) esté recta y la rodilla trabada. Mantén la pierna izquierda (pierna móvil) recta también, y el pie izquierdo alzado. Luego levanta la rodilla izquierda hacia el pecho lo más que puedas, manteniendo el tobillo y el talón izquierdos bajo el muslo y la pierna derecha recta y trabada. Detente uno o dos segundos en el límite del rango de movimiento y siente cómo se activa el glúteo de la pierna apoyada. Finalmente, baja la pierna izquierda a su posición inicial.

- ▶ Este ejercicio ayuda a ampliar la zancada, lo que promueve la velocidad, la energía y la economía.
- ▶ Aumenta gradualmente el número de repeticiones hasta alcanzar un máximo de 20 o 25 con cada pierna. Ejercítate dentro de los límites de tu capacidad, siempre con el talón elevado y la pierna recta.

C. Serie de movimientos sobre el disco de equilibrio

Cuando hayas dominado la serie de movimientos sobre la tabla inclinada deberás incorporar los ejercicios sobre el disco de equilibrio. Estos son más difíciles debido a que el disco es menos estable.

INSTRUCCIONES GENERALES

▶ Empieza con estos ejercicios cuando hayas dominado la serie anterior, pero no la reemplaces: sigue haciendo ambas. Estarás listo para trabajar esta serie cuando puedas pararte sobre el disco de equilibrio con la ayuda de dos bastones y mantener el talón en alto durante un minuto.

▶ Úsala como un circuito de entrenamiento: realiza los ejercicios uno tras otro, dos o tres veces por semana.

▶ Es perfecta para activar los músculos de las piernas antes de una carrera.

▶ Trabaja siempre sin zapatos y sin calcetas.

▶ Concéntrate en lograr el equilibrio y la estabilidad usando todo el antepié y los dedos.

▶ Sostén los bastones perpendiculares al piso. Mientras más relajado sea tu agarre, mejor. Usa los bastones —son tus amigos— pero no te apoyes en ellos.

▶ Si es posible, ejercítate frente a un espejo.

▶ Estos ejercicios trabajan los músculos de la pierna que está sobre el disco de equilibrio (pierna apoyada), no los de la pierna levantada (pierna móvil).

▶ En estos ejercicios es muy importante que la pierna apoyada se mantenga recta. Traba las rodillas.

1. LEVANTAMIENTO LATERAL

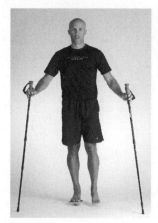

Con el pie derecho, sube al disco de equilibrio y eleva el arco y el talón lo más que puedas. Equilíbrate sobre el derecho de manera que la pierna derecha (pierna apoyada) esté recta y la rodilla trabada. Mantén la pierna izquierda (pierna móvil) recta también, y el pie izquierdo alzado. Manteniendo la pierna izquierda recta, muévela hacia un lado, alejándola de la pierna derecha. Detente uno o dos segundos en el límite del rango de movimiento. Finalmente, baja la pierna izquierda a su posición inicial.

- El movimiento debe ser fluido y controlado. Aquí no buscamos un rango amplio de movimiento ni velocidad. Tampoco es un ejercicio de estiramiento.
- Cuida que el pie y los dedos de la pierna móvil apunten siempre hacia delante.
- La cadera debe mantenerse nivelada y estable durante el movimiento de la pierna.
- Aumenta gradualmente el número de repeticiones hasta alcanzar un máximo de 20 o 25 con cada pierna. Ejercítate dentro de los límites de tu capacidad, siempre con el talón elevado y la pierna recta.

2. Elevación de rodilla

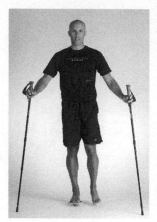 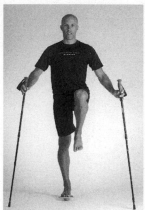

Empezando con el pie derecho, sube al disco de equilibrio en posición hacia delante y eleva el arco y el talón lo más que puedas. Equilíbrate sobre el pie derecho de manera que la pierna derecha (pierna apoyada) esté recta y la rodilla trabada. Mantén la pierna izquierda (pierna móvil) recta también, y el pie izquierdo alzado. Levanta la rodilla izquierda hacia el pecho lo más que puedas, manteniendo el tobillo y el talón izquierdos bajo el muslo y la pierna derecha recta y trabada. Detente uno o dos segundos en el límite del rango de movimiento y siente cómo se activa el glúteo de la pierna apoyada. Finalmente, baja la pierna izquierda a su posición inicial.

> ► Aumenta gradualmente el número de repeticiones hasta alcanzar un máximo de 20 o 25 con cada pierna. Ejercítate dentro de los límites de tu capacidad, siempre con el talón elevado y la pierna recta.

D. Ejercicios dinámicos de fuerza, estabilidad y energía para las piernas

Los ejercicios que siguen se caracterizan porque exigen mucho movimiento, lo que incrementará tu velocidad y energía.

INSTRUCCIONES GENERALES

- ▸ Úsalos como un circuito de entrenamiento: realiza los ejercicios uno tras otro, dos o tres veces por semana.
- ▸ Con excepción de la variante sobre el piso de la embestida con pelota de ejercicios, deberás realizar estos movimientos hasta que seas capaz de pararte sobre el disco de equilibrio con ayuda de dos bastones y mantener el talón en alto durante un minuto.
- ▸ Trabaja siempre sin zapatos y sin calcetas.
- ▸ Concéntrate en lograr el equilibrio y la estabilidad usando todo el antepié y los dedos.
- ▸ Sostén los bastones perpendiculares al piso. Mientras más relajado sea tu agarre, mejor. Usa los bastones —son tus amigos— pero no te apoyes en ellos.
- ▸ Si es posible, ejercítate frente a un espejo.

1. Serie de embestidas con pelota de ejercicios: en piso, en tabla inclinada, en disco de equilibrio

Para realizar la embestida básica en piso, párate erguido sobre la pierna derecha, el pie derecho bien plano sobre el piso. Esta es la pierna de embestida. Levanta hacia atrás el pie izquierdo (que corresponde a la pierna de la pelota) y apóyalo sobre la pelota. Ayudándote con los bastones para mantener el equilibrio, desciende lo más que puedas moviendo hacia atrás la pierna de la pelota, de manera que esta ruede. Regresa a la posición inicial.

▶ Este es un ejercicio de tres niveles. Lo practicarás primero con el pie bien plano sobre el piso. Una vez que domines esta variante, hazlo sobre la tabla inclinada. Cuando puedas hacer esto sin problemas, practícalo sobre el disco de equilibrio.

▶ El objetivo es que la pierna de embestida sostenga la mayor cantidad de peso posible, y que la pierna de la pelota sostenga el menor peso posible.

▶ Si la pelota se escabulle a los lados es porque tu cadera está moviéndose y carece de estabilidad. Pero no te aflijas; esta es la razón por la que estamos haciendo este ejercicio. Sigue las instrucciones para que los músculos trabajen adecuadamente y mantén la cadera nivelada. Con la práctica desarrollarás la memoria muscular y la fortaleza necesarias.

► Concéntrate en mover la pierna de la pelota hacia atrás en línea recta, que es lo que produce la posición de embestida. Asimismo, esto amplía tu rango de movilidad y mejora tu habilidad para el movimiento.

► Evita mover la rodilla de la pierna de embestida hacia delante y hacia atrás; concéntrate solamente en moverla hacia arriba y hacia abajo. Si hay demasiado movimiento hacia delante y hacia atrás es porque la pierna de la pelota está soportando demasiado peso.

► Tu objetivo será realizar tres series. Aumenta gradualmente el número de repeticiones hasta llegar a 20 o 25 con cada pierna.

► Advertencia: Una vez que puedas realizar sobre el piso tres series de 20 a 25 repeticiones con cada pierna, avanza a la tabla inclinada. El pie de la pierna de embestida pisará la tabla inclinada *únicamente en posición cuesta arriba*. Igual que en los otros ejercicios en la tabla inclinada, mantén el arco y el talón elevados. Aumenta gradualmente el número de repeticiones hasta llegar a 20 o 25 con cada pierna. Una vez que empiezas a trabajar con la tabla inclinada, no es necesario que sigas practicando la modalidad con el pie plano sobre el piso.

► Una vez que seas capaz de realizar tres series de 20 a 25 repeticiones con cada pierna, estarás listo para el disco de equilibrio. Una vez que empiezas a trabajar con el disco, no es necesario que sigas practicando el ejercicio con la tabla inclinada.

2. SENTADILLA DE CORREDOR CON GIRO

Empezando con el pie derecho, sube al disco y eleva el arco y el talón lo más que puedas. Equilíbrate sobre el pie derecho, poniendo recta la pierna derecha (pierna apoyada) y con la rodilla trabada. Mantén la pierna izquierda (pierna móvil) recta también, y el pie izquierdo alzado. Ahora, con un movimiento fluido, manteniendo el disco lo más estable que sea posible, haz una sentadilla de aproximadamente un cuarto de la distancia normal con la pierna derecha y enderézate de nuevo (estirando la pierna derecha) mientras realizas una elevación de la rodilla con la pierna izquierda (levanta la rodilla lo más que puedas hacia el pecho). Mantén el tobillo y el talón izquierdos bajo el muslo, y la pierna derecha recta y trabada. Detente uno o dos segundos en el límite del rango de movimiento y siente cómo se activa el glúteo de la pierna apoyada. Entonces gira lo más que puedas hacia ambos lados, sin girar los hombros y con la rodilla en alto. Mantén la vista al frente durante todo el ejercicio. Finalmente, baja la pierna izquierda a su posición inicial.

- ► Este es un ejercicio complicado; cuando empieces a practicarlo, no intentes hacerlo de principio a fin. Aísla los movimientos y practícalos uno por uno. Hazlos lentamente y de la manera correcta. Una vez que domines todos los movimientos, realiza la secuencia completa concentrándote en ejecutarla con fluidez.
- ► La pierna que estamos trabajando es la que está apoyada. No olvides mantenerla recta cuando gires a los lados.
- ► El objetivo es completar tres series. Aumenta gradualmente el número de repeticiones hasta un máximo de 8 a 10 con cada pierna. Ejercítate dentro de los límites de tu capacidad, siempre con el talón elevado y la pierna recta.

3. Sentadillas con una pierna

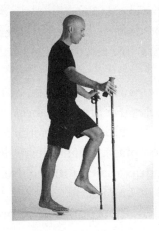

Empezando con la pierna derecha, sube al disco de equilibrio y eleva el arco y el talón lo más que puedas. Haz una sentadilla con la pierna derecha hasta llegar al límite de tu rango de movimiento, manteniendo el disco lo más estable que sea posible. La pierna izquierda debe estar estirada al frente en todo momento, como en la postura del Karate Kid. Luego enderézate estirando y trabando la pierna derecha. Haz una pausa de uno o dos segundos; siente cómo se activa el glúteo.

> ▶ Haz la sentadilla como si fueras a sentarte en una silla. Haz el pecho hacia delante (trabaja con tu cuerpo). Evita mover hacia delante la rodilla de la pierna de embestida e inclinar el disco hacia el borde frontal.

> ▶ Al principio no necesitas un rango de movimiento muy amplio. Haz la sentadilla hasta donde puedas y con la práctica lograrás hacer la sentadilla completa.

> ▶ Conforme vayas mejorando haz el ejercicio con mayor rapidez e intenta elevarte con un movimiento enérgico y explosivo.

> ▶ Tu objetivo es realizar tres series. Aumenta gradualmente el número de repeticiones hasta un máximo de 20 o 25 repeticiones con cada pierna. Ejercítate dentro de los límites de tu capacidad, siempre con el talón elevado y la pierna recta.

Realización del circuito y de las progresiones

Debes tener como objetivo realizar el circuito completo dos o tres veces por semana, con uno o dos días de descanso intercalados. Cuando tengas tiempo para realizar un circuito completo, haz lo siguiente:

Realiza cada bloque de ejercicios (A, B, C, D) en orden, pero siguiendo las progresiones indicadas. En otras palabras, si apenas estás empezando, debes practicar los bloques de ejercicios A, B y D (pero solamente la embestida en piso). Cuando estés listo para avanzar al disco de equilibrio podrás realizar los cuatro bloques (A, B, C, D) y todos los ejercicios de cada serie.

Realiza el circuito en este orden, incorporando las progresiones (*) cuando estés preparado:

A. Serie de equilibrio en tabla inclinada
  1. Ejercicio de equilibrio con dos bastones
  2. Ejercicio de equilibrio con un bastón (*)
  3. Ejercicio de equilibrio sin bastón (*)
B. Serie de movimientos sobre la tabla inclinada
  1. Levantamiento lateral
  2. Levantamiento de rana
  3. Elevación de rodilla
C. Serie de movimientos sobre el disco de equilibrio (*)
  1. Levantamiento lateral (*)
  2. Elevación de rodilla (*)
D. Fuerza, estabilidad y energía dinámicas
  1. Serie de embestidas con pelota de ejercicios:
    - en piso
    - en tabla inclinada (*)
    - en disco de equilibrio (*)
  2. Sentadilla de corredor con giro (*)
  3. Sentadillas con una pierna

Programa de fuerza para el torso y las extremidades superiores

Secuencia básica de ejercicios con pelota

Esta secuencia de ejercicios con pelota no solo ejercitará tus músculos sino que te entrenará para realizar movimientos con todo el cuerpo. Asimismo, fortalece el torso y las extremidades superiores, estimula el sistema nervioso y maximiza tus habilidades de corredor.

1. RODILLAS AL PECHO

Colócate en posición de plancha; apoya los pies sobre la pelota y los brazos en la posición de lagartijas, con los codos trabados.

Haz rodar la pelota hacia los brazos al tiempo que jalas las rodillas hacia el pecho (de ahí el nombre tan ingenioso). Mientras llevas las rodillas al pecho eleva los glúteos. Regresa a la posición de plancha y contrae el estómago entre cada repetición. Repite.

- ► Mantén los dedos de los pies extendidos en todo momento y evita flexionar en exceso los codos.
- ► Evita que los hombros se muevan hacia delante y hacia atrás (ya sea antes o después de cada repetición), y mantén la espalda recta.
- ► Cuando empieces a practicar este ejercicio puedes colocar la pelota muy cerca de las rodillas; conforme vayas progresando, colócala gradualmente más cerca de los pies para aumentar la dificultad.
- ► Este ejercicio fortalece intensamente el torso. Su objetivo es desarrollar el equilibrio y la fortaleza en la parte superior de la espalda y los hombros.
- ► La meta es realizar de 10 a 20 repeticiones. Ejercítate siempre dentro de los límites de tu capacidad.

2. LIMPIADORES DE PARABRISAS

Empieza colocando las rodillas sobre la pelota, los brazos abiertos al ancho de los hombros y las manos apoyadas en el piso. Luego gira la cadera de un lado a otro manteniendo las rodillas flexionadas. Ejecuta y controla el movimiento y los giros con los músculos abdominales.

- ► Para conservar el equilibrio, mantén las manos planas en el piso y los dedos bien extendidos.
- ► Mantén las rodillas flexionadas en un ángulo de 90° sobre la pelota y ligeramente hacia el pecho.

- ► Mantén los antebrazos lo más cerca posible de la pelota. No flexiones demasiado los codos, en especial durante los giros.
- ► Trabaja primero para ampliar el rango de movimiento y luego para incrementar la velocidad.
- ► Este ejercicio entrena la cintura para girar, movimiento que se les dificulta a muchos corredores debido a la rigidez de los flexores de la cadera y de la espalda baja. También ejercita los músculos abdominales, los cuales serán una fuente de energía para cuando corras.
- ► El objetivo es realizar de 10 a 20 repeticiones a cada lado. Ejercítate dentro de los límites de tu capacidad.

3. ESCORPIONES

Ponte en posición de plancha, con la pelota entre la cadera y las rodillas y los brazos en posición de lagartijas, con los codos trabados. Gira la cadera hacia la izquierda al tiempo que ruedas sobre el costado de la pierna derecha. Manteniendo la pierna derecha recta y estable, acerca lo más que puedas el pie izquierdo al codo derecho. Durante este movimiento mantén la rodilla en alto y apuntando al techo. Sostén esa postura durante uno o dos segundos y luego vuelve a la posición de plancha. Repite con el otro lado.

- ► Este ejercicio es todo un reto, así que debes ser consciente en todo momento de cómo y donde se mueve tu cuerpo.
- ► Mantén la pierna de la pelota recta y firme: esa es la clave para realizar correctamente este movimiento.
- ► Mantén el estómago firme y la espalda recta.
- ► Flexiona el codo del brazo opuesto a la pierna móvil. Esto ampliará el rango de movimiento y activará los músculos de la parte superior de la espalda.
- ► Este ejercicio trabaja intensamente el pecho, los hombros y la espalda, con lo que combate ese síndrome de encorvamiento que entorpece los movimientos naturales al correr. La práctica de este ejercicio, el esfuerzo para realizarlo de la manera correcta, fomenta la conciencia mente-cuerpo. La movilidad y el equilibrio necesarios para ejecutar el escorpión incrementarán tus habilidades atléticas.
- ► El objetivo es realizar de 8 a 15 repeticiones con cada lado. Ejercítate dentro de los límites de tu capacidad.
- ► Encontrarás un video de demostración de este ejercicio en ‹runningwitheric.com›.

4. PUENTE ISOMÉTRICO

- ► Recuéstate de espaldas con los hombros y la cabeza apoyados en el piso, los brazos extendidos a los lados y las palmas de las manos planas sobre el piso. Los pies deben estar sobre la pelota y tu cuerpo debe formar una línea recta. Concéntrate en levantar la cadera, como si alguien jalara hacia arriba unas cuerdas sujetas a tus costados. Para incrementar la dificultad, lleva los brazos extendidos al frente. Mantén esa posición lo más que puedas. Regresa las manos al suelo.
- ► Concéntrate en mantener la cadera elevada y el cuerpo formando una línea recta.
- ► Contrae los glúteos y mantén el cuerpo firme. Enfoca tu conciencia en la espalda baja.
- ► Mantén los pies juntos y apuntando hacia arriba.

- ► Este movimiento ejercita la espalda baja, los glúteos y los músculos estabilizadores de la columna. También trabaja la parte posterior del muslo. Dependiendo de la posición de los brazos, son dos ejercicios en uno.
- ► La meta es mantener la posición durante uno o dos minutos, pero no intentes lograrlo la primera vez que practicas el ejercicio. Aumenta gradualmente el tiempo.

5. ALTERNANCIA DE RODILLAS

► Apoya la rodilla derecha en la pelota. Esta es la pierna que cargará el peso del cuerpo. Tu pierna izquierda también debe estar flexionada pero sin apoyarse en la pelota. Las manos deben estar separadas al ancho de los hombros y apoyadas en el piso, y la pelota debe permanecer lo más cerca posible de los brazos en todo momento. Gira la cadera hacia la izquierda de manera que la pelota ruede hacia el costado de tu pierna derecha; mantén la rodilla flexionada a 90°. Regresa a la posición inicial. Este es un movimiento continuo de un lado al otro. Repite con el otro lado, con la pierna izquierda apoyada en la pelota y la derecha en el aire.

► La pierna en el aire debe permanecer flexionada; no permitas que descanse sobre la pierna apoyada.

- ▶ Concéntrate en hacer el giro con la cadera y glúteo medio.
- ▶ Para enderezarte cuando estás sobre el costado de tu pierna, concéntrate en que la rodilla haga fuerza contra la pelota.
- ▶ Mantén los codos y los brazos lo más rectos posible durante el giro, y controla en todo momento el movimiento con los músculos abdominales.
- ▶ Pese a su nombre, este ejercicio trabaja todo el cuerpo e incrementa tu capacidad atlética. Sus movimientos desarrollan la resistencia y el equilibrio en los glúteos y el torso.
- ▶ La meta es realizar de 8 a 14 repeticiones con cada pierna. Ejercítate dentro de los límites de tu capacidad.
- ▶ Encontrarás un video de demostración de este ejercicio en ‹runningwitheric.com›.

6. Encogimiento abdominal (*crunch*) de rana

Colócate en posición de plancha, con las piernas sobre la pelota y los brazos en posición de lagartijas, con los codos trabados. Lleva la rodilla derecha hacia el codo derecho al tiempo que giras la cabeza para mirar la rodilla. Detente durante uno o dos segundos y regresa a la posición de plancha. Mantén la pierna izquierda recta y firme durante todo el movimiento. Realiza una serie de repeticiones con la misma pierna; luego haz una serie con la otra pierna. Una vez que adquieras fuerza en este ejercicio, empieza a alternar las piernas en cada movimiento.

- ▶ Este no es un movimiento de velocidad; no lances la pierna hacia el codo: contrólala.
- ▶ Mantén la espalda recta y el estómago firme.
- ▶ Cuando empieces a practicar este ejercicio puedes usar la pelota cerca de las rodillas; conforme vayas adquiriendo

fuerza, ponla más cerca de los pies para aumentar la dificultad.

► Este movimiento ejercita el torso, en particular los múscu-los abdominales laterales que realizan el giro.

► El objetivo es realizar de 8 a 15 repeticiones con cada pier-na. Ejercítate dentro de los límites de tu capacidad.

7. MECEDORA

Colócate en posición de plancha, las piernas sobre la pelota y los brazos en posición de lagartijas, con los codos trabados. Empújate hacia atrás con las manos, permitiendo que tu torso se incline hacia abajo y las piernas se levanten. Regresa a la posición inicial y repite.

- ► Mantén los dedos de los pies extendidos hacia atrás y el cuerpo recto y bien firme.
- ► Si sientes dolor en la espalda baja, coloca la pelota más cerca del torso; levanta la cadera y aprieta el estómago. Evita que la espalda se hunda.
- ► Cuando empieces a practicar este ejercicio puedes usar la pelota cerca de la cadera. Conforme vayas adquiriendo fuerza, colócala más cerca de los pies para aumentar la dificultad. Asimismo, incrementa la dificultad haciendo el movimiento muy lentamente.

- ► Al igual que el ejercicio anterior, la mecedora ejercita los músculos abdominales bajos y el torso. También promueve la estabilidad de los hombros.
- ► El objetivo es realizar de 10 a 20 repeticiones con cada pierna. Ejercítate dentro de los límites de tu capacidad.

Secuencia avanzada de ejercicios con pelota

Como su nombre sugiere, estos movimientos deben practicarse después de los siete ejercicios básicos descritos. Practícalos solo hasta que hayas dominado los anteriores. Piensa como un practicante de las artes marciales: incrementa tus habilidades atléticas paso por paso.

1. Navaja (ejercicio avanzado)

Colócate en posición de plancha con las piernas sobre la pelota, entre las rodillas y los talones, y los brazos en posición de lagartijas, con los codos trabados. Flexiona la pierna izquierda y pásala bajo tu cuerpo al tiempo que giras la cadera. Intenta posicionar la pierna en un ángulo de 90° grados respecto de tu cuerpo. Regresa a la posición inicial y repite con la misma pierna.

- ► Flexiona los codos para facilitar el giro.
- ► La ubicación de la pelota debe permitirte pasar la pierna debajo de tu cuerpo. Si no puedes realizar el ejercicio con la pelota a esa distancia es porque todavía no estás listo para él. Sigue trabajando con el encogimiento abdominal de rana y con la mecedora.
- ► Si tu espalda de hunde es porque todavía no estás listo. Sigue trabajando con el encogimiento abdominal de rana y con la mecedora.
- ► La navaja desarrolla gran fuerza y estabilidad en el torso y en las extremidades superiores. El giro ejercitará los abdominales y toda la parte superior del cuerpo; el esfuerzo necesario para mantener la posición de plancha ayudará a estabilizar tus hombros. Este ejercicio exige una muy buena conciencia del cuerpo y fuerza en el torso.
- ► La meta es realizar de 5 a 10 repeticiones con cada pierna. Ejercítate dentro de los límites de tu capacidad.

2. ABRELATAS (EJERCICIO AVANZADO)

Empieza con las piernas flexionadas en un ángulo de 90°, la izquierda apoyada en la pelota y la derecha montada sobre esta, los brazos abiertos al ancho de los hombros y las manos apoyadas en el piso. Partiendo de esta posición inicial, haz girar la pelota hacia la izquierda ejerciendo fuerza sobre ella con la rodilla izquierda, al tiempo que la pierna derecha cae a un lado de la pelota casi hasta tocar el suelo. Regresa a la posición inicial. Repite. Termina todas tus repeticiones de un lado antes de pasar al otro.

► Mantén las rodillas flexionadas a 90° en todo momento. Esa es la clave. Siente y toma conciencia de la posición.

► A todo lo largo del movimiento sostén el peso de tu cuerpo con la pierna apoyada en la pelota.

- ▸ Mantén el estómago firme.
- ▸ Este es un ejercicio de fuerza para todo el cuerpo. Al igual que la navaja ejercita todo —aunque aumenta la dificultad para la cadera—, y requiere de fuerza y de una buena conciencia del cuerpo. Es muy probable que al principio no logres realizarlo. Si es así, considéralo un objetivo para más adelante, cuando hayas dominado la alternancia de rodillas.
- ▸ La meta es realizar de 5 a 16 repeticiones de cada lado. Ejercítate dentro de los límites de tu capacidad.
- ▸ Encontrarás un video de demostración de este ejercicio en ‹runningwitheric.com›.

3. Pies al pecho (ejercicio avanzado)

Colócate en posición de plancha con los dedos de los pies apoyados en la pelota y los brazos en posición de lagartija, con los codos trabados. Lleva los dedos de los pies (y la pelota) hacia los brazos, manteniendo las piernas rectas. Tus glúteos se elevarán hacia el techo y tu cuerpo quedará como una V invertida. Mantente así durante uno o dos segundos y vuelve a la posición inicial.

- ► Mantén los dedos de los pies en la parte superior de la pelota.
- ► Cuando estés en la parte más alta de la V, mantén los codos rectos.
- ► Las piernas deben estar rectas todo el tiempo, en especial en la parte más alta del movimiento. Si tu espalda se hunde es porque no estás listo para este ejercicio.

- Haz los movimientos lentamente y de manera controlada. Esfuérzate por ampliar el rango de movimiento. Conforme adquieras fuerza, transfiere cada vez más el peso de tu cuerpo a los brazos y los hombros.
- Al igual que los dos anteriores, este ejercicio avanzado trabaja todo el cuerpo y deberás practicar mucho para dominarlo. Es un movimiento que ejercita con mucha intensidad el torso y las extremidades superiores. Es muy posible que en un principio no puedas realizarlo. Si es así, considéralo un objetivo para más adelante, cuando hayas dominado los ejercicios de rodillas al pecho y la mecedora.
- La meta es realizar de 8 a 20 repeticiones. Ejercítate dentro de los límites de tu capacidad.

Realización de los ejercicios y el circuito para el torso y extremidades superiores

Ejecuta el circuito completo de dos a tres veces por semana, realizando cada ejercicio en este orden, uno tras otro. Si no estás listo para los ejercicios avanzados (*) incorpóralos al circuito cuando lo estés. Si el tiempo y tu capacidad te lo permiten, haz dos o tres repeticiones del circuito. Al principio, descansa todo el tiempo que necesites entre ejercicios para que los realices de la manera correcta. Conforme vayas mejorando y fortaleciéndote, reduce el tiempo de descanso entre cada ejercicio y serie para aumentar la dificultad.

Sé creativo. Algunos días puedes hacer más repeticiones con más descansos, y otros, menos repeticiones y menos descansos. Incluso puedes alternar este patrón entre serie y serie. Cuando andes corto de tiempo, elige dos o tres ejercicios y ejecútalos hasta que quedes agotado. Puedes lograr mucho con cinco o diez minutos.

1. Rodillas al pecho
2. Limpiadores de parabrisas

3. Escorpiones
4. Puente isométrico
5. Alternancia de rodillas
6. Encogimiento abdominal (*crunch*) de rana
7. Mecedora
8. Navaja (*)
9. Abrelatas (*)
10. Pies al pecho (*)

Alternancia de los ejercicios para pies y piernas y para torso y extremidades superiores

¿Debo ejercitar los músculos de pies y piernas el mismo día que los del torso? ¿Los trabajo de manera individual? ¿Cómo puedo combinar el entrenamiento de fuerza con mis carreras? ¿Puedo correr y hacer el enteramiento de fuerza el mismo día? Estas son algunas de las preguntas que escucho más frecuentemente, y estoy seguro de que estás planteándote algunas de ellas. No hay respuestas infalibles ni programas perfectos, pero te mostraré un programa semanal eficaz, que toma en consideración que hay días en que haces carreras de baja intensidad y otros en los que corres con mayor intensidad.

Así pues, es mejor realizar los circuitos para pies y piernas en los días en que corres con mayor intensidad, y de preferencia inmediatamente después de la carrera. Sé que esto puede parecer extraño en primera instancia, pero considéralo: si haces ambas cosas el mismo día, tus pies, piernas y glúteos podrán recuperarse en los días más relajados. Por el contrario, si un día haces una carrera intensa, al día siguiente un circuito para pies y piernas, y una carrera intensa el tercer día, tus músculos jamás tendrán la oportunidad de recuperarse.

Por otra parte, es mejor realizar el circuito para la parte superior del cuerpo en los días en que corras con menos intensidad, no importa si es antes o después de la carrera. Esta secuencia básicamente alterna los días de entrenamiento de fuerza para la parte inferior y para la parte superior del cuerpo. Ocasionalmente, una vez a la semana, puedes realizarlos juntos (siempre y cuando sea un día de carrera moderada).

A continuación encontrarás un ejemplo de cómo organizar y espaciar tus sesiones de entrenamiento. El programa se corresponde con el programa de carreras que está más adelante. Reitero: el programa está organizado por circuitos, así que realízalos cuando tengas tiempo, pero cuando no, practica solo algunos de los ejercicios. Algunos tendrán más tiempo entre semana y otro los fines de semana. Intercambia los días de manera que se ajusten al tiempo del que dispones.

- ► Día 1: de uno a tres circuitos para la parte superior del cuerpo
- ► Día 2: circuito para pies, piernas y glúteos
- ► Día 3: de uno a tres circuitos para la parte superior del cuerpo
- ► Día 4: circuito para pies, piernas y glúteos
- ► Día 5: jornada sin entrenamiento de fuerza
- ► Día 6: parte superior del cuerpo y/o pies, piernas y glúteos (combinados)
- ► Día 7: jornada sin entrenamiento de fuerza

Este no es un programa inmutable. Mucho de lo que hagas dependerá de tu guía interior. Y recuerda: diviértete.

4

LA CARRERA
FORMAL

A LA MAÑANA SIGUIENTE nos encontramos en la escuela secundaria de Jackson Hole, concretamente en su estadio de futbol-pista de carreras. ¡Vivan los Broncos! Veo que encorvas los hombros y una que otra falla en tu zancada. Después de empezar con el entrenamiento de fuerza es natural sentir músculos en lugares donde ni siquiera sabías que los había. Recuerda: están donde necesitan estar.

«¿Y por qué el cercado de la entrada a la pista serpentea una y otra vez?», me preguntas. Había que evitar que esos cuadrúpedos salvajes pisotearan el terreno. Para un alce, el hermoso y siempre verde césped artificial debe ser como un campo celestial. Para nosotros, es perfecto para empezar a trabajar tu postura mediante unas carreras sin calzado.

No es por nada que al ideal de la forma para correr que estás a punto de aprender lo llamo *formal*, pues *forma* constituye el corazón de la palabra. Sin forma no puede haber un buen desempeño, punto.

Algunos corredores sostienen que no necesitan trabajar en la forma, y esgrimen toda clase de razones: «Para mí, correr no es algo tan serio; no necesito aprender», «Yo aprendí solo a correr»,

«He corrido durante años sin problema», «Mi cuerpo corre siguiendo sus propias reglas». Yo entiendo pero, ¿por qué no plantearte un desafío? Reinventar tu forma de correr puede resultar muy satisfactorio. Y si has sufrido molestias, dolores o incluso lesiones por correr, una de las razones puede ser una forma incorrecta de correr.

Nuestros cuerpos están diseñados para moverse de cierta manera, que es igual para todos, y por esto creo firmemente que hay una forma de correr que es la «mejor» para todos. Sí, hay quienes tienen más facilidad que otros, pero con la instrucción adecuada en la forma puedes aprender a correr explotando tus habilidades al máximo y con la mayor eficiencia.

Piensa en los *sprinters*: dedican años a pulir su forma y su técnica, concentrándose en los movimientos más pequeños con el fin de mejorar sus tiempos unas centésimas de segundo. Si miras las Olimpiadas o cualquier otra competencia de atletismo que incluya la carrera de 100 metros, verás que todos estos *sprinters* corren de la misma manera desde que salen, cuando van tomando velocidad y cuando aceleran cerca de la línea de meta. Corren de la misma manera porque todas las personas relacionadas con ese deporte saben cuál es la forma más eficiente de hacer el *sprint*. Y el *sprint* es una carrera.

Luego mira un maratón. Ignora a los corredores de élite que están al frente de la multitud y observa a todos los demás. Todos se mueven de manera diferente. Ningún otro deporte funciona así. En actividades como el golf, el tenis y la natación, la forma es parte fundamental del entrenamiento. ¿Por qué? Porque una técnica correcta produce buenos resultados.

Las carreras no son diferentes, y existen estudios biomecánicos que detallan las ventajas de una pisada correcta, del movimiento adecuado de los brazos, etcétera. Más que para mejorar nuestro desempeño, correr de la forma correcta es importante porque restaura el equilibrio natural del cuerpo, lo que permite aprovechar las beneficios del entrenamiento de fuerza. Y otra cuestión importante, en especial para quienes sufren rigidez, molestias y dolor:

una forma correcta nos permite correr cómodamente. Suena increíble, lo sé.

La buena noticia es que aprender la forma correcta de correr es fácil. La zancada para correr se divide en cinco etapas: pisada, colocación de la pierna, elevación de la rodilla, despegue y movimiento del brazo. Una vez que las aprendas sabrás todo lo que necesitas saber.

La mala noticia es que correr consistentemente de la forma correcta requiere mucho esfuerzo. La maestría no se alcanza adquiriendo más conocimientos sino mediante la conciencia constante de que estás corriendo de la forma correcta y al máximo de tu capacidad.

Al principio deberás ser consciente de todas las partes de cada zancada. Es de esperar que estés tenso. Pero con el tiempo y la práctica incesante (yo sigo practicándolo cada vez que corro) tus pensamientos sobre la forma correcta se harán subconscientes. Seguirás teniendo conciencia, pero en el nivel de la sensación. Si tu forma es correcta o incorrecta, lo sentirás. Cuando entrenaba triatletas, todos los nadadores expertos me decían que si daban mal una brazada, simplemente lo sentían, y entonces hacían los ajustes necesarios. Ocurre lo mismo al correr.

¿Qué es esta sensación? Memoria muscular. El cuerpo es tan diestro para aprender qué es correcto o incorrecto, que ya no necesita tanto de la mente consciente. ¿Tú te pones a pensar en cómo caminar, andar en bicicleta o escribir? Claro que no. Pero considera la coordinación de músculos necesaria para realizar estas actividades. Esta es la memoria muscular. Lo maravilloso es que mediante la conciencia y la práctica es posible reentrenar a los músculos, reformatear esa memoria, hacer lo que tú quieras.

Tu objetivo final no es aprender la forma correcta en sí misma, sino desarrollar esta memoria muscular. Pero no existe una línea de meta, el dominio absoluto; una vez que aprendes la forma correcta simplemente continúas practicándola. Pero pon en práctica las nociones básicas: notarás de inmediato mejoras en la eficiencia de tu zancada; a partir de ahí, mejora, mejora, mejora.

Para mí, una buena forma es algo que puedes perfeccionar y disfrutar a lo largo de toda tu vida.

Como este día estamos dedicándolo a la forma, supongo que te preguntarás por qué traje a la pista una tabla inclinada y un par de bastones para esquí. Ya vimos el entrenamiento de fuerza, pensarás. Pero pronto verás para qué los traje. Quítate de nuevo los zapatos y las calcetas y sube a la tabla con el pie izquierdo. Empezaremos con unos ejercicios de estabilidad. La fuerza y la forma no pueden separarse. Una fomenta la otra, tal como la cimentación estratégica para el corredor, que veremos a continuación. Con la tabla inclinada desarrollarás no solo la capacidad de mantener la forma adecuada, sino también esa inapreciable memoria muscular.

Mientras trabajas con la tabla inclinada, ten en mente una cosa: todas las personas, independientemente de nuestra habilidad o experiencia en las carreras, podemos beneficiarnos al reformar o pulir nuestra forma. Mientras corres y al terminar de correr, tu cuerpo se sentirá mejor. Esa es una mejoría que todo corredor puede apreciar y que, por desgracia, ningún laboratorio puede corroborar.

Si sientes que tus músculos empiezan a calentarse, pasemos al césped. Quiero verte detalladamente, examinar tu forma, y ver dónde puedes mejorar. Más tarde deberás hacer esto tú mismo. Lo que marcará la diferencia será tu propia conciencia de cómo corres y de cómo debes correr.

Errores comunes de la forma

Empieza a correr relajadamente en el carril interior de la pista. Siente tu cuerpo; toma conciencia de tus movimientos: qué parte de tu pie descalzo toca primero el césped. Presta atención a la extensión de tu zancada, a la manera en que mueves la parte superior de tu cuerpo, en que levantas las rodillas, en que apoyas el pie contra el suelo. Finalmente, deja de lado todo esto y percibe tu forma: ¿la sientes natural, o no?

Regresa acá. Siéntate. Ya trabajarás más esas piernas hoy. No hace falta que haga un análisis detallado de qué estás haciendo mal. Quiero que tú te plantees esa pregunta. Pero seamos claros: el hecho de que tu zancada te parezca natural no significa necesariamente que tu forma es la adecuada. De hecho, es probable que cuando modifiquemos tu manera de correr la sientas poco natural. Lo que sucede es que estarás combatiendo la memoria muscular arraigada en los errores de tu forma.

Existen toda clase de formas incorrectas. Verifica si la tuya está incluida en la lista que sigue. También trata de observar a otros corredores; detecta los aciertos y los errores de su técnica. Con eso obtendrás más información sobre tu propia forma y fomentarás el desarrollo de tu conciencia.

▶ *Aterrizar con el talón.* Esto produce inestabilidad y concentra el esfuerzo en los cuadríceps. Genera un ritmo lento y limita el trabajo del pie, lo que a su vez impide que las pantorrillas se activen adecuadamente. Todo esto origina problemas en la banda iliotibial, rigidez en los flexores de la cadera y debilidad en el glúteo medio.

▶ *Dar zancadas demasiado largas.* Los corredores que lanzan el pie delantero demasiado al frente suelen también aterrizar con el talón. No obstante, es posible dar zancadas largas y aun así pisar con el pie plano o con el antepié. El pie sigue rebasando a la rodilla cuando toca el suelo, y estos corredores caen sobre la punta de los dedos o sobre la parte externa del pie. A menudo adolecen de ritmo lento y de inestabilidad en rodilla, cadera y glúteo.

▶ *Mantener las rodillas flexionadas durante todo el paso.* Esto es muy común entre quienes corren descalzos y entre quienes no suelen practicar la carrera de velocidad. Debido a que no estiran las piernas en ningún momento del paso, el esfuerzo se concentra en los cuadríceps, lo que fomenta su dominio y previene la activación del glúteo medio y de las pantorrillas. Esto produce dolor en las rodillas y en la banda iliotibial, así como mucha rigidez en los flexores de la cadera.

► *Balancear las piernas.* Los corredores balancean las piernas hacia atrás y hacia los lados —haciendo medios circulitos con cada paso— en vez de levantarlas. Su cadera se mueve mucho, pero debido a que no levantan las rodillas, padecen muchos de los problemas producidos por dar zancadas largas o por aterrizar con el talón.

► *Inclinar el torso hacia delante.* Esto hace que las rodillas permanezcan flexionadas durante todo el paso. El torso y los glúteos se ven muy limitados, por lo que se pierde el equilibrio estructural.

► *Rebotar.* Los corredores van saltando de arriba abajo con cada paso en vez de mantener los hombros en el mismo nivel. Esto provoca que las rodillas se levanten en exceso y que la fuerza que se ejerce sobre el piso no se corresponda con la velocidad (es decir, la fuerza se gasta en el movimiento de arriba abajo y no en el desplazamiento hacia delante). En pocas palabras, es un movimiento ineficiente.

► *Patear hacia atrás.* Los corredores dan una patada demasiado alta hacia atrás, en un movimiento similar a rascar el suelo con el pie. Esto anula el levantamiento de las rodillas y puede provocar que el torso se incline al frente.

¿Cuál es el origen de estas formas incorrectas? Cada caso es diferente. Hablando en general, nuestra manera de correr es el resultado de nuestras experiencias. Un factor importante son los zapatos con tacones altos, pero ya hablaremos de eso. Asimismo, hay muchas personas que corren sin calzado y tienen mala forma, así que quitarse los zapatos no es ningún remedio mágico. Nuestros antecedentes en el ejercicio y el entrenamiento influyen en nuestra forma. Es posible que hayas desarrollado algunos músculos en detrimento de otros, y que esto esté determinando tu manera de correr.

No te concentres en el origen de tus errores. Esfuérzate en comprender y en tener la paciencia para corregirlos mediante la práctica de la forma correcta. Y créeme: sé de lo que estoy hablando. Cuando llegué a Denver y empecé a correr largas distancias, nunca me preocupé por la forma. Cierto día, cuando volvía a la ciudad, pasé frente al aparador de una tienda. Me impresionó el reflejo que vi en el cristal. Ese corredor tenía un aspecto terrible. Sus movimientos carecían de fluidez y demostraba pesadez y torpeza en los talones. «¿Ese soy yo?», me pregunté. Yo imaginaba que seguía corriendo como en mis días en la cancha de futbol, deslizándome sobre el campo de manera fluida, relajada, o haciendo un *sprint* en una prueba de relevos de 4 × 100.

Cuando llegué a casa vi algunos viejos videos de cuando jugaba futbol. Yo no estaba loco: cuando tenía el balón en mis manos y atravesaba la cancha lo hacía con fluidez, pero cuando volvía a la formación o salía del terreno de juego veía esa pesadez y torpeza. Así que empecé a analizar la forma como hacía las carreras de velocidad y a tratar de reproducirla, solo que a menor velocidad. Dejé de aterrizar con el talón, elevé más las rodillas y enderecé mis piernas. Día con día, mes con mes, entrené para refinar mi forma, para desarrollar memoria muscular, con el fin recuperar lo que yo sabía que era la carrera atlética, la carrera formal.

Pero antes de que abordemos los elementos básicos de la forma correcta de correr, quiero que hagas esto: sal a correr con los zapatos que usas siempre y pide a alguien que te tome fotografías desde los costados. Las fotografías son mejores que los videos porque verás en imágenes fijas la posición exacta de tus pie, piernas, cadera, torso y cabeza durante todo el desarrollo de tu zancada. Después compara tus fotos con las que ilustran en este libro la forma correcta de correr. (También puedes comparar tus fotos con otras que te tomen más adelante, luego que hayas empezado con los ejercicios y el programa para redefinir tu forma. Así podrás ver los avances que haces al aprender la forma correcta).

Pese a que he presentado análisis de los errores más comunes en la forma de correr, quiero dejar algo en claro: la soluciones no son individuales. Creo que nos complicamos demasiado las cosas al pensar que para cada problema hay una solución particular. Lo entiendo. La mayoría pensamos que tenemos problemas «especiales» y lesiones singulares. Pero debo decirte que en las más de mil sesiones de entrenamiento en las que he trabajado con corredores, los problemas son casi siempre los mismos, si importar cuál sea la causa, y que prácticamente todos derivan del desequilibrio muscular y de una forma incorrecta. Así pues, la mayoría de los problemas tienen el mismo remedio, el cual se alcanza mediante el desarrollo de fuerza y el trabajo con la forma.

Creo que esto es un consuelo. En un sentido muy literal, todos estamos juntos en esto; todos podemos mejorar si seguimos una práctica común.

La forma correcta de correr

Voy a decirte un secreto: te traje aquí por el césped suave pero también para que veas el atletismo y la forma su en estado puro. No seré yo quien te los muestre. Ese es el silbato. Ahí vienen: los chicos de la escuela primaria que vienen para su clase de deportes.

Sí, los niños. Míralos correr. Toma conciencia de los movimientos que hacen conforme corren por la pista, pues están demostrando lo que quiero enseñarte. Mira cómo juguetean cuando corren, cómo saltan y brincan y ríen. Todo es diversión. Mira también qué hacen por allá: saltan de pura alegría. Mi hija es igual. Desde que tenía dos años no hace más que correr y brincar. Esto es atletismo puro.

Y adivina qué: las dos cosas son iguales, correr es saltar, y debemos hacerlas de la misma manera. Cuando saltas empujas tus pies hacia el suelo para impulsarte en dirección contraria. Ocurre lo mismo al correr; la única diferencia es que al saltar nos propulsamos hacia arriba y no hacia delante. En ambos casos nuestros dos pies están en el aire al mismo tiempo.

Ponte en pie. Quiero que lo veas más claramente. Empieza a saltar en tu sitio. Intenta saltar más alto. Ahora salta lo más alto que puedas y toma conciencia de lo que hace tu cuerpo. Analicemos el movimiento. Al saltar, ¿generamos energía y despegamos con los talones? No. ¿Aterrizamos con los talones? No. ¿Aterrizamos con los pies debajo de las rodillas? Sí. Cuando te preparas para saltar flexionas las rodillas para ganar energía, ¿cierto? Sí. ¿Tus rodillas están delante de tu cuerpo o detrás? Delante.

Bien, estas respuestas son el fundamento para entender la carrera formal. Ahora demos un salto —nunca mejor dicho— a las cinco etapas de la forma correcta de correr. Concéntrate en una a la vez. En su conjunto, estas cinco etapas son todo lo que necesitas saber sobre la manera correcta de correr.

Ahora corre por la cancha y concéntrate únicamente en pisar el césped con el antepié…

1. Pisada con el antepié

Al igual que en el entrenamiento de fuerza, la forma correcta parte del pie, en particular del antepié. Como ves en la fotografía, aterrizar con él constituye la primera línea de estabilidad de la zancada. Los dedos, en especial el dedo gordo, se apoyan en el piso. Entonces se activa el arco y creas una base estable que alinea las rodillas y la cadera. Al aterrizar con el antepié, el tobillo, que no debe rebasar la rodilla, absorbe parte del impacto mientras el talón baja. Pisar con el antepié también puede evitar (aunque no es una garantía) que tu zancada sea demasiado amplia y favorece un ritmo más rápido. Todo esto lo podrás sentir cuando trabajes sin calzado en tu forma.

Técnica y concienciación

- ► Haz tu primer contacto con el piso con el antepié.
- ► Mantén el tobillo bajo la rodilla. Jamás permitas que el pie se adelante tanto que rebase la rodilla.

- Sin importar cuál sea tu velocidad, la relación de la pisada con el cuerpo no debe cambiar.
- Los hombros deben estar alineados con la cadera; no inclines el torso.

Ejercicios

Estos ejercicios, como los que se proponen en las otras cuatro etapas, son fundamentales para entender la forma adecuada de correr y para saber como se *siente*. También sirven para practicar y para reafirmar la forma correcta, lo que promueve el desarrollo de una memoria muscular adecuada. Puedes utilizarlos como calentamiento antes de correr e incuso durante una carrera, para evocar la sensación de la forma correcta.

- *Ejercicios con tabla inclinada y disco de equilibrio.* Con ellos adquirirás la fuerza necesaria para mantener la pisada con el antepié.
- *Saltar descalzo sin desplazamiento.* Este ejercicio te permitirá comprender y sentir la pisada con el antepié. Los corredores deben pisar primero con el antepié y luego dejar que el talón caiga. Mientras más rápido corramos, y mientras más se fortalezcan nuestros pies, más podrá el talón mantenerse elevado. Sin embargo, al trabajar en la forma, y al correr despacio, debemos permitir que le talón caiga al piso después del antepié.
- *Correr descalzo sin desplazamiento.* Es un ejercicio infalible: no hay manera de hacerlo mal, en especial si lo haces rápidamente. De manera natural pisarás con el antepié, elevarás las rodillas al frente y dirigirás la energía hacia el suelo. Lo único que cambia en una carrera normal es que el ángulo con que proyectamos la pierna hacia el piso nos propulsa hacia delante. También es un magnífico ejercicio para comprender cómo debemos dirigir el impulso hacia el suelo y levantar la rodilla hacia el frente.

2. Apoyo en la pierna

Aunque la transición de la pisada con el antepié a la elevación de la rodilla (etapa tres) toma solo una fracción de segundo, es fundamental hacerlo de la manera adecuada. Observa cómo la pierna de apoyo (mi pierna izquierda en foto) sostiene a todo el cuerpo, que a su vez debe mantenerse recto, sin inclinar el torso. Esto previene la tensión excesiva en el tobillo y la pantorrilla y permite una rápida transición a la elevación de rodilla. Con esta posición en la pierna de apoyo, la activación muscular iniciada en la pisada con el antepié continúa por la pantorrilla. La rodilla, y en particular el glúteo medio, se estabilizan, y hay un soporte para todo el cuerpo, lo que promueve el equilibrio muscular y la eficiencia.

Técnica y concienciación

- ▶ Después de pisar con el antepié, deja que el talón haga contacto con el piso.

- Siente cómo se estabilizan tus pies, rodillas, cadera y glúteos.
- La pierna de apoyo se mantiene casi directamente bajo el cuerpo.
- El cuerpo se mantiene erguido; el torso no se inclina.

Ejercicios

- *Ejercicios con tabla inclinada y disco de equilibrio.* Estos promoverán la activación muscular desde el antepié hasta el glúteo medio, que se activará con la posición correcta de la pierna de apoyo para estabilizar la parte baja del cuerpo.
- *Zancadas sin calzado.* Al entrenar descalzo sentirás la manera en que cae el talón después de pisar con el antepié. Realiza de 5 a 10 pasos durante 10 o 20 segundos cada vez, sobre césped natural o artificial, y siente cómo cae tu talón después de pisar con el antepié.
- *Marchar.* Sí, marchar. Puedes hacerlo sin desplazarte o avanzando de 40 a 50 metros cada vez. Esto te permitirá sentir cómo el cuerpo debe estar directamente sobre la pierna de apoyo. Regresa a este ejercicio regularmente para desarrollar la memoria muscular de la posición correcta.

3. Elevación de rodilla

En las dos primeras etapas, pisada con el antepié y apoyo en la pierna, estuviste concentrado en el movimiento y la colocación de una sola pierna, la pierna de apoyo. Ahora debes tomar conciencia de ambas: impulsarás la pierna de apoyo hacia el suelo y levantarás la pierna guía (mi pierna derecha en la foto). En esta etapa, el cuerpo entero se estabiliza y provee la energía para impulsarnos hacia delante.

Aquí tienen lugar dos acciones: en primer lugar, la pierna de apoyo estabiliza y proyecta energía hacia el suelo en función de tu velocidad. (Su grado de inclinación indica qué tan rápido se está corriendo). En segundo lugar, los músculos de la pantorrilla de la pierna de apoyo se preparan para el despegue, también sobre el antepié y los dedos. Las visualizaciones que presento después de los ejercicios serán fundamentales para realizar esto adecuadamente.

Técnica y concienciación

▶ Levanta la rodilla de tu pierna guía hacia arriba y hacia delante. Mantén el tobillo relajado y bajo el muslo, de tal manera que no quede delante de ti ni de tu rodilla. La rodilla es la que marca el camino.

▶ Simultáneamente, en la pierna de apoyo, traslada tu peso al antepié y a los dedos con ayuda de la pantorrilla. Esta pierna está ahora haciendo fuerza contra el suelo para propulsarte hacia delante.

▶ Continuando con esta etapa, la pierna guía alcanza su punto más alto. Esta altura guarda relación directa con tu velocidad. En otras palabras, a mayor altura de la rodilla, mayor velocidad. El tobillo permanece bajo el muslo y detrás de la rodilla.

▶ Al mismo tiempo, la pierna de apoyo se pone prácticamente recta. Ahora estás apoyado en los dedos de los pies, todavía haciendo fuerza contra el piso (y no haca atrás). La cadera permanece abierta y el torso no se inclina.

▶ En todo momento, la parte superior del cuerpo está erguida y relajada, y los músculos abdominales y los glúteos están trabajando.

▶ Siente la pantorrilla de tu pierna de apoyo. Debe estar activada y lista para ejercer fuerza en la etapa siguiente.

Ejercicios

▶ *Ejercicios de movimiento en la tabla inclinada y el disco de equilibrio.* La elevación de rodilla y la sentadilla de corredor con giro son fundamentales para adquirir la fuerza y la memoria muscular necesarias para ejecutar esta etapa de la zancada. La fuerza del pie y de la pantorrilla, utilizados cuando regresas al antepié para impulsarte hacia delante, es fundamental en esta etapa. Todos los ejercicios para el pie son útiles para esto.

- *Correr descalzo sin desplazamiento (de nuevo).* Nota cómo levantas la rodilla hacia arriba al tiempo que haces fuerza contra el piso con tu pierna de apoyo.
- *Obstáculos.* Corre rápidamente sobre obstáculos caseros de 20 a 30 cm de alto y separados a 30 cm. Esto te obligará a levantar las rodillas y a hacer fuerza contra el piso con tu pierna de apoyo.
- *Marchar (de nuevo).* Sube bien las rodillas, como un buen soldado, y mantén las piernas rectas para favorecer la estabilidad. Deja que tu pie se impulse con los dedos; que no permanezca plano. Desarrolla esa memoria muscular.
- *Caminar a saltos.* Este ejercicio te obligará a elevar la rodilla, y te mostrará la relación entre la altura de la rodilla y la energía de la pierna de apoyo-despegue.
- Sprints *cuesta arriba.* Sube corriendo una pendiente con las manos detrás del cuello. Esto te obligará a elevar las rodillas y te permitirá sentir cómo trabajan el torso y los glúteos.

4. Despegue

En esta etapa estás saltando —ambos pies están en el aire— y estás avanzando hacia delante. Como al saltar, usas la energía acumulada en los músculos en la etapa anterior. Esta energía, traducida en velocidad, la determina la distancia entre la rodilla de la pierna guía y el pie de la pierna de apoyo (a mayor altura de la rodilla, a mayor inclinación de la pierna de apoyo, mayor energía y velocidad). Esto es importante porque en esta etapa también empiezas el ciclo con la otra pierna (esto es, con la pierna guía), que se coloca en posición para pisar con el antepié. La velocidad no se aumenta estirando la pierna guía para pisar más lejos; la pisada con el antepié debe ser siempre hacia abajo y siempre igual, sea cual sea la velocidad.

Técnica y concienciación

► Con el pie de la pierna de apoyo solo debes impulsarte ligeramente con los dedos. La energía proviene de la activación neutral del tobillo y la pantorrilla al momento en que se proyectan contra el piso. No pongas los dedos en punta por impulsarte con el tobillo.

► Tu pierna guía alcanza su punto más alto (en relación con la velocidad) y luego adopta un ángulo de casi 90°, siempre con el pie detrás de la rodilla y bajo el muslo. No estires demasiado el pie antes de aterrizar. Sé paciente; deja que el suelo vaya hacia ti para empezar la pisada con el antepié.

► Cuando la pierna guía pisa con el antepié, pasa a ser la pierna de apoyo y estabiliza al cuerpo.

► Mantén el torso erguido y la cadera extendida.

Ejercicios

► *Ejercicios de movimiento en la tabla inclinada y el disco de equilibrio.* Como en la etapa anterior, la elevación de rodilla y la sentadilla de corredor con giro te ayudarán a desarrollar la fortaleza y la memoria muscular necesarias para esta etapa de la zancada.

► *Caminar a saltos.* Hazlo sobre un terreno plano. Aumenta gradualmente el largo de los saltos hasta alcanzar el máximo de tu capacidad. Este ejercicio te permitirá familiarizarte con la sensación de impulsarte hacia arriba con una pierna al tiempo que bajas la otra. Además, contribuye a fortalecerlas.

► Sprints *en montaña o escaleras.* Sube corriendo un tramo de escaleras o una pendiente, rápido y enérgicamente, elevando bien las rodillas. Practica un despegue enérgico, estirando la pierna y ejerciendo fuerza contra el suelo en cada paso. Este ejercicio es fantástico para reproducir el ciclo completo de la zancada de carreras.

5. Movimiento de brazos

El balanceo de los brazos hacia delante y hacia atrás durante el ciclo de la zancada permite extender el pecho y mantener los hombros derechos, lo que incrementa la eficiencia y facilita la respiración. Evita cruzar los brazos frente al cuerpo y girar los hombros de un lado a otro. Cuando el movimiento es eficiente, brazos y piernas trabajan al unísono. Esto permite que la zancada sea fluida y que el cuerpo permanezca relajado. Al acelerar puedes extender los brazos para apalancarte e incrementar la potencia, ya sea en un *sprint* o al apretar el paso cerca de la línea de meta.

Técnica y concienciación

► Mantén los brazos flexionados en un ángulo de 90°.
► Dirige los codos hacia atrás y mantenlos cerca del torso.
► No balancees los brazos muy al frente. Permíteles tomar un ritmo que se corresponda con el movimiento de las piernas.

- Relaja el torso, los brazos, los hombros y las manos. Un corredor relajado es un corredor fuerte.
- Mantén a los brazos balanceándose en un plano, hacia delante y hacia atrás, no frente a tu cuerpo.
- Imagina que al correr llevas unas mancuernas en las manos; intuye cómo tu cuerpo encuentra con naturalidad la manera más económica de cargarlas. Mantendrías los codos flexionados y los brazos cerca del cuerpo para reducir el trabajo al máximo.

Estas son las cinco etapas de la forma correcta. Deja que se asienten en tu mente mientras te atas los zapatos. Saldremos de la ciudad por la carretera 22 para correr por la ribera del río Snake. El camino es un poco rocoso, pero es de los terrenos más uniformes que se pueden encontrar en Jackson.

Apoyos para la forma correcta de correr

Visualizaciones

Ver en tu imaginación la forma correcta es una técnica muy poderosa para dominarla. Las siguientes técnicas de visualización pueden usarse a manera de ejercicio durante los calentamientos, pero también pueden y deben utilizarse en cualquier situación en que estés corriendo para practicar la conciencia activa. Usa estas visualizaciones siempre que necesites reforzar la forma correcta y la memoria muscular.

- *Campo de troncos.* Para favorecer el levantamiento adecuado de la rodilla, imagínate atravesando un campo con troncos separados a intervalos regulares. En cada zancada levantas alto la rodilla para pasar por encima de un tronco. A mayor velocidad, más ancho el tronco, pero mantén el pie debajo del muslo.

- ▶ *Vaquero y cuerda.* Para favorecer la postura adecuada del toroso, imagina que un vaquero de Wyoming anudó una cuerda alrededor de tu cintura y que lo estás arrastrando con ella.
- ▶ *Arco y flecha.* En esta etapa es importante tener conciencia de ambas piernas. Mientras una pierna ejerce fuerza contra el suelo, la otra adelanta la rodilla. Esta acción es similar a la del arco y la flecha. El brazo que jala la cuerda hacia atrás es la pierna que adelanta la rodilla; el brazo recto que sostiene el arco es la pierna de apoyo. Juntas proveen la energía y la estabilidad necesarias para impulsarte hacia delante. Revisa de nuevo la foto y podrás observarlo. Visualiza mientras corres esta acción de arco y flecha que realizan tus piernas.

Ritmo

Un elemento crucial para la ejecución de la cinco etapas de la forma correcta de correr es el ritmo. Sin importar cuál sea tu altura, tu pie debe tocar el piso unas 22 o 23 veces por cada 15 segundos.

Cuando los corredores quieren acelerar el ritmo, a menudo se enfocan en la pierna de apoyo. En su intento por ser rápidos, aporrean el suelo con la pierna de apoyo. Lo que hay que hacer es lo contrario: para incrementar el ritmo hay que acelerar el movimiento de la pierna guía. Piensa en Bruce Lee y en sus puñetazos a una distancia de tres centímetros, con los que lanzaba a sus contrincantes al otro lado de la habitación. Según él, esta fuerza no se debía a la potencia con que golpeaba a alguien sino a la velocidad con que echaba hacia atrás el puño (tal como el levantamiento de rodilla, pero la pierna de apoyo debe estar prácticamente recta; piensa en el arco y la flecha).

Ahora bien, no intentes trabajar en tu ritmo y al mismo tiempo concentrarte en cada una de las etapas de la forma. En ocasiones, demasiado es demasiado. Es preferible que al realizar carreras ligeras te concentres en tu ritmo cada 5 o 10 minutos. Haz tu conteo y acelera o desacelera según se requiera. Con el tiempo y la práctica empezarás a sentir el ritmo correcto y no tendrás que contar tanto.

Zapatos adecuados y zapatos inadecuados

Observa el agua. El río Snake lleva una buena corriente en esta época del año. Toda es hielo derretido que baja de la montaña. Más abajo se encuentran unos rápidos de clase tres. Ahora que estás aquí, no dejes de hacer un recorrido por aguas bravas. No hay nada como remar entre los remolinos ensordecedores de un río.

Ahora quiero hablarte acerca de los zapatos, pues son los culpables de muchos de los problemas que padecen los corredores, o al menos del origen de los mismos. No he dicho sobre los tuyos pero ahora, bueno, debo ser honesto. Quizás estos sean tus zapatos viejos; tienen algo de desgaste y rasgaduras. Quizás después de adquirir estos compraste un par de tipo minimalista pero te preocupaba que nuestros senderos los hicieran jirones. Es hora de que sepas que esos zapatos de grueso talón y gran capacidad de «estabilización» están destrozándote como corredor, aun si su publicidad afirma lo contrario.

Como ya mencioné, no soy un purista respecto de correr descalzo; no creo que uno deba correr de esa manera en todo momento y en toda situación. Correr descalzo tiene sus ventajas, en especial en los ejercicios de fuerza y en la práctica de la forma que he presentado. Es una muy buena manera de sentir los dedos, el pie y el arco, de percibir cómo deben activarse durante la zancada. También favorece el desarrollo de la fuerza y la resistencia.

Pero yo soy entrenador; ayudo a las personas a lograr un buen desempeño en las carreras, y es muy difícil entrenar y tener un buen desempeño sin una protección adecuada en los pies. Los tarahumaras usan cierto tipo de protección durante los largos recorridos por su territorio. Nosotros debemos hacer lo mismo.

Una cosa es la protección, y otra muy distinta la clase de zapatos que seguramente tú y millones de personas han comprado, de tacones descomunales y suelas gruesas que supuestamente protegen el pie y favorecen la estabilidad. Estos zapatos son problemáticos por varias razones: inhiben el movimiento natural del pie; impiden que el pie realice el trabajo de estabilización y activación muscular; pesan demasiado; y sobre todo, elevan el talón. Esto último resulta desastroso.

Vamos corriendo por un sendero y tú llevas tus zapatos de gran tacón. Intenta pisar con el antepié. No es sencillo, ¿verdad? Para hacerlo tienes que forzarte, e incluso entonces las pantorrillas no se activan completamente porque el talón llega al suelo demasiado pronto. Esto impide la estabilidad y la activación muscular necesarias en el antepié, las rodillas y los glúteos. De igual manera, cuando el talón toca el suelo, las pantorrillas no se activan como deberían, lo que limita la fuerza y la elasticidad y obliga a los cuadríceps a trabajar de más.

Vamos a detenernos. Quiero mostrarte el ejemplo más claro de por qué es problemático correr con zapatos de tacón. Salta con los antepiés una y otra vez sin desplazarte. ¿Recuerdas qué fácil fue hacerlo en la pista, cuando estabas descalzo? Pues ya no lo es tanto con tus zapatos de tacón. Las pantorrillas funcionan como resortes: acumulan y liberan energía cuando corremos o saltamos, y necesitan tensarse (lo que yo llamo *extenderse*) para liberar esa fuerza que da agilidad a nuestros saltos. Esto no puede ocurrir con los zapatos de tacón porque el talón llega al suelo demasiado pronto, lo que impide que las pantorrillas se extiendan adecuadamente y generen energía. Otra posible consecuencia es que la rodilla sea proyectada al frente, lo que promueve el dominio muscular de los cuadríceps e impide la correcta activación de los glúteos. Espero que ahora comprendas por qué los corredores deben abandonar gradualmente los zapatos con tacón. A mejor forma, más energía y menos lesiones.

La influencia de los zapatos en nuestra forma de correr no es un concepto nuevo para mí, pero no me había impresionado tanto como cuando vi a mi hija. Durante los primeros cuatro años de su vida, los únicos zapatos que pude conseguirle fueron planos, esto es, sin desnivel o *zero-drop*. *Zero-drop* significa que la suela tiene el mismo grosor desde el talón hasta los dedos. Cuando estaba descalza o usaba estos zapatos, ella corría hermosamente, con una forma natural en todo momento, pisada con antepié incluida. Pero luego, cuando cumplió cinco años, empezaron a proliferar los zapatos con tacón y ya no encontré zapatos planos para ella. De hecho, algunos fabricantes prácticamente promovían la forma incorrecta de correr al ponerle a las gruesas suelas de sus zapatos unas llamativas lucecitas que solo se encendían al pisar con el talón. Y cuando mi hija corría con esos zapatos empezó a pisar con el talón. Fue horrible.

¿Existe el zapato perfecto? No lo sé de cierto, pero lo que sí sé es que hay zapatos inadecuados. Y eso que, irónicamente, los fabricantes llaman *zapato tradicional* (con gran estabilización, suela gruesa, y un desnivel de 12 a 15 mm del talón a la punta) es, sin lugar a dudas, el zapato inadecuado. Es probable que en la zapatería te parezcan cómodos, pero presta atención cuando corras. Y cuando hayas fortalecido tus pies, te preguntarás cómo fue posible que corrieras con ellos.

Por otra parte están los zapatos que yo llamo *formales*: de suela plana, delgada y flexible. Estos favorecen la pisada con el antepié, la conciencia de la forma, la estabilización mediante los dedos y el resto del pie, y la extensión adecuada de las pantorrillas, que permite su función resortes. Además, al correr con ellos desarrollas la fuerza del pie y el equilibrio muscular de todo el cuerpo, y todo gracias a que permiten un mejor uso de los pies.

Observa de nuevo a los tarahumaras. Corren calzando unas tiras de llantas usadas, recortadas al tamaño del pie, con apenas una cinta de cuero entre los dedos y alrededor del tobillo para asegurarlas. A lo largo de mi vida he corrido con zapatos de todas las marcas y diseños —de tacón alto, tacón bajo y sin desnivel; de bajo perfil y de alto perfil; estabilizadores y no estabilizadores—, pero nunca he sentido más fuerza en mis pies, más estabilidad y armonía en mi cuerpo —así como ausencia de dolor— que al usar zapatos formales como los antes descritos. Si al correr usas principalmente zapatos sin desnivel, conjuntamente con los ejercicios para fortalecer el pie y la aplicación de la forma correcta, empezarás a sentir una diferencia en la distribución muscular de tu cadera y una reducción significativa en la rigidez de los flexores de la cadera.

Si aún no estás convencido, simplemente inténtalo. Corre con los zapatos adecuados; experimenta con unos sin desnivel. Siente cómo es más sencillo mantener la forma correcta y cómo aumenta tu fuerza de corredor.

Pero no deseches tus viejos zapatos y empieces a correr todos los días con zapatos sin desnivel. El cambio de los zapatos tradicionales a los formales debe ser gradual, pues activarás músculos que no están acostumbrados a activarse. Para empezar, usa los zapatos sin desnivel para carreras cortas y los viejos para carreras largas. Luego aumenta gradualmente la distancia en las primeras. Conforme tus pies y pantorrillas se fortalezcan —con los ejercicios y la adopción de la forma correcta— tus viejos zapatos te parecerán cada vez más incómodos, y eso es señal de que probablemente estás listo para desecharlos definitivamente. Para facilitar el cambio, realiza las rutinas que presento más adelante para la transición a la carrera formal.

Si te preguntas qué estoy buscando en mi mochila, te tengo buenas noticias. Debido a que viniste a Jackson a entrenar conmigo, ordené un par de zapatos de tu talla para iniciarte en el camino correcto al zapato correcto. Me encantaría que los usaras hoy y que trabajáramos con ellos en la forma.

Toma… Están geniales, ¿no? Pero por geniales que sean, debes saber otra cosa importante: no hay ningún zapato adecuado para todas las situaciones. Si vas a correr en una carretera, es probable que un zapato sin desnivel como este te ofrezca toda la protección que necesitas; pero si vas a correr en un sendero montañoso, es posible que no te resguarde lo suficiente. Debemos ser inteligentes: las piedras lastiman. No siempre es apropiado correr descalzo, y lo mismo puede decirse del uso de estos zapatos. Así pues, si necesitas zapatos de suela gruesa por el tipo de terreno, úsalos, pero procura que sean sin desnivel o que este sea mínimo, y que te proporcionen toda la protección que necesitas. Si al correr usas principalmente zapatos sin desnivel y te concentras en la forma correcta, no habrá problema si sacrificas ocasionalmente algo de flexibilidad con tal de protegerte.

Y bien, es hora de empezar tu entrenamiento de la forma.

Modelos de la forma: los tarahumaras

Si observas a los tarahumara recorrer la Barranca del Cobre, ya sea cuesta arriba, cuesta abajo o atravesando un río, verás que siempre mantienen la forma correcta. Sus movimientos son perfectos. ¿Por qué? ¿Cómo?

Para empezar, desde niños usan huaraches, que promueven la pisada correcta y permiten que las pantorrillas alcancen su rango completo de movimiento. Nunca pierden el equilibro por usar los zapatos sofisticados, de suela gruesa, tacón alto y logos vistosos que usan nuestros hijos. Y cuando fueron tentados por patrocinadores en el maratón de Leadville, botaron durante la carrera aquellos zapatos «tradicionales» que les proporcionaron en favor de sus huaraches.

También está el terreno. Desde niños realizan ascensos extensos y continuos en las colinas de la Barranca del Cobre. Ahí adquieren fuerza en los pies y las piernas, y desarrollan la memoria muscular. Estos ascensos son la versión natural de nuestros ejercicios con la tabla inclinada, en especial el levantamiento de rodilla, y favorecen el perfeccionamiento de la forma.

Los tarahumaras tienen también su famoso juego de pelota, *rarajípari*. Hablaremos más de él en nuestra siguiente sesión de entrenamiento, pero el juego exige correr velozmente, lo que promueve el despegue adecuado del pie y exige extender la cadera y las piernas. Además, el *rarajípari* se practica en terrenos desiguales, cubiertos de hierba, piedras y baches que demandan velocidad para levantar los pies y las rodillas. Ellos no tienen esas canchas planas y libres de obstáculos que promueven el arrastre de los pies o la oscilación de las piernas. Ellos aprenden desde niños la forma correcta; de otra manera, tropezarían y caerían constantemente.

Entrenamiento orientado a la forma

Antes de tomar el sendero para practicar la forma, repasa lo que te enseñé en la pista. Quiero que cierres los ojos y te veas en tu imaginación corriendo de la forma correcta. Imagina que estás en la ribera del río y que nos ves pasar. Visualízate en cada una de las cinco etapas de la forma correcta. Mírate ejecutando cada una de manera correcta y con soltura.

¿Ya lo tienes?

Entonces vamos. Inténtalo: pisada con el antepié, apoyo en la pierna, elevación de rodilla, despegue. Y siempre cuidando el movimiento de brazos, hacia delante y hacia atrás. Mantén la concentración; toma conciencia de cómo se mueve tu cuerpo.

Bien hecho, pero no olvides elevar las rodillas. Aunque ya sabes todo lo que hace falta saber acerca de la forma correcta de correr, esto no será fácil. Recuerda: hay que ser paciente. Si has corrido de una manera durante mucho tiempo, debes esforzarte para aprender una nueva y practicarla hasta que te parezca natural.

Yo no estaré ahí para decirte si lo estás haciendo bien o mal, pero no hace falta. Con los atletas a los que entreno en persona o a distancia, constantemente estoy repitiendo las mismas cosas que te dije en mi análisis de las cinco etapas. Tú ya sabes qué hacer. Repetir, repetir y repetir es la única manera de lograrlo.

Comprende las etapas de manera individual, mírate realizándolas, y entonces ejecútalas una y otra vez. Percibe la sensación y repítelas sin cesar, al tiempo que piensas: pisada con el antepié, apoyo de pierna, elevación de rodilla, despegue, movimiento de brazos. Con el tiempo lo lograrás. Como con el entrenamiento de fuerza, aborda el entrenamiento de la forma como un arte marcial. La paciencia y la conciencia te llevarán ahí. Y tal como recomendé antes, sigue tomándote fotos para evaluar tu progreso.

La manera en que realices la transición a la carrera formal dependerá de muchos factores, entre ellos tu forma actual y tu fortaleza de pies y piernas. Si durante mucho tiempo has corrido pisando con el talón, sentirás dolor en la pantorrilla, y la pisada con el antepié te parecerá poco natural. Tal como el entrenamiento de fuerza, la carrera formal desarrolla el equilibrio. El cuerpo fue creado para correr de la forma que te he enseñado: Con el tiempo, tu cuerpo se sentirá mejor, menos rígido, menos cansado. La forma correcta elimina todos esos padecimientos y dolores comunes entre los corredores, y mejorará tu velocidad y desempeño en general. Confía en el entrenamiento: vale la pena.

Para adoptar la forma correcta cuando sales a correr todos los días, empieza con los ejercicios de transición a la carrera formal, descritos a continuación. Con ellos, tu transición a la forma correcta será más rápida y sencilla. En segundo lugar, sigue el programa de entrenamiento de fuerza durante la transición y también después. En tercer lugar, cuando sientas que necesitas reforzar la técnica de la forma correcta de correr, realiza los ejercicios que enlisté en cada una de las cinco etapas de la forma. En su conjunto te permitirán desarrollar la memoria muscular y el equilibrio que harán viable y duradera la forma correcta en tu vida de corredor. Todo este programa opera en conjunto para promover la manera natural de correr.

Programa de transición a la carrera formal

El programa y los ejercicios que siguen te ayudarán mientras remplazas tus zapatos y remodelas tu forma. Lo mejor es realizar esta transición cuando puedes ser paciente y no tienes la presión de cubrir un montón de kilómetros. Si estás preparándote para alguna carrera, tal vez no sea el mejor momento de empezar. Comienza el programa al inicio de la temporada, cuando no tienes que cubrir tantos kilómetros. Finalmente, si acabas de terminar una intensa temporada de carreras, tu cuerpo necesita recuperarse. Tómate un par de semanas en las que no corras nada antes de empezar con este programa.

1. Programa

El objetivo es realizar cuatro carreras de treinta minutos por semana. Empieza con una carrera de 5 a 10 minutos para ver cómo responde tu cuerpo a la nueva forma, e incrementa el tiempo poco a poco. Deben ser carreras ligeras, que te permitan concentrarte en la forma y el ritmo, y mantener una frecuencia cardiaca moderada. Si no eres capaz de respirar únicamente por la nariz, estás esforzándote demasiado. Y aprovechando que estás tomándolo con calma, utiliza tus nuevos zapatos formales. Cuando te sientas cómodo durante 10 minutos, añade 5 minutos o algo así cada semana hasta llegar a 30. Este programa debe prolongarse de 4 a 6 semanas aproximadamente.

2. Ejercicios de concienciación

Conforme aumentas tu tiempo para alcanzar los 30 minutos, practica los ejercicios señalados en cada una de las cinco etapas de la forma correcta para comprender cómo debe moverse tu cuerpo, y para desarrollar una buena memoria muscular. Practícalos cada vez que tengas tiempo (no como una rutina diaria), ya sea como calentamiento o como parte de tus carreras. Los principiantes deberán empezar muy lentamente con estos ejercicios. Tal como con la distancia de las carreras, debes avanzar progresivamente para realizar *sprints* y ascensos rápidos cuesta arriba.

Un par de consejos más sobre la transición a la forma correcta y sobre el entrenamiento en general. En primer lugar, una advertencia para quienes usan caminadoras. Yo lo sé: cuando quieres respetar tu programa, a veces no hay más remedio que usar la caminadora en la casa o en el gimnasio, especialmente durante esos fríos meses de invierno o en días de lluvia. Pero debes saber que correr con una buena forma en la caminadora es muy difícil, en especial en la etapa de elevación de la rodilla. Debes enfocar tu atención, tu conciencia, en elevar la rodilla hacia el frente y hacia arriba inmediatamente después de la pisada, pues la cinta móvil querrá llevar tu pierna de apoyo hacia atrás antes del despegue. Quiero ser muy claro: no estoy diciendo que no corras en la caminadora; lo que digo es que si lo haces, prestes atención a la elevación de la rodilla: pasa por encima de esos troncos.

En segundo lugar, te hice subir algunas colinas, y a menos que vivas en un lugar donde predominen largas planicies, debes seguir haciéndolo. Son buenas para desarrollar fuerza y mejorar tu forma. No obstante, muchos corredores simplemente no saben qué hacer cuando corren en pendientes: cambian su forma, pisan con el talón y hacen toda clase de cosas chistosas. Ya sea cuesta arriba o cuesta abajo, debes mantener la forma correcta; lo único que cambia es la inclinación del terreno.

Es más fácil hacerlo cuesta arriba que cuesta abajo. Cuando estés ascendiendo, concéntrate en la elevación de rodilla y no aflojes la marcha. Dirígela hacia arriba de la pendiente y siente cómo la pierna de apoyo hace fuerza contra el suelo. Cuando tus pies hayan adquirido más fuerza, evita que el talón caiga demasiado hacia el piso; haz que las pantorrillas se mantengan activadas, pero con un ritmo rápido.

Cuando vayas en descenso, concéntrate en la pisada y en que tu zancada no sea demasiado larga. Al principio deberás reducir tu velocidad para lograrlo. Corre con toda la lentitud necesaria para mantener una buena pisada. Con el tiempo perfeccionarás el movimiento y tu velocidad mejorará al parejo de tu forma. A mí me ayuda pensar que voy pedaleando una bicicleta cuesta abajo; esto favorece el levantamiento de la rodilla, especialmente en los tramos más empinados. Como todo, mientras más lo practiques mejor lo harás.

Conciencia y forma

Lo estás haciendo muy bien. Solo un pequeño tramo más. No hay que forzarse el primer día. Fluye con el río Snake. Adopta la forma correcta: pisada con el antepié, apoyo en la pierna, elevación de rodilla, despegue, movimiento de brazos.

Nunca le pongas un plazo límite al éxito. Ya has comenzado tu camino hacia la forma correcta. El éxito y los beneficios se presentan de inmediato, y continúan haciéndolo indefinidamente: nunca dejas de mejorar. No es como un interruptor que prende o apaga la luz sino como un regulador de intensidad: la luz se vuelve cada vez más brillante.

Es momento de aminorar el paso. Caminemos ahora. Mira hacia aquellos árboles a la derecha, arriba, sobre la rama. Un águila calva. Es majestuosa, ¿verdad? Y enorme. Está tranquila y concentrada, observándonos, observando todo lo que pasa, tal vez buscando su almuerzo.

Conciencia. Eso es lo que el águila nos recuerda ahora. La conciencia lo es todo cuando hablamos de la forma. Siente tu cuerpo; siente qué está haciendo, qué tan larga es tu zancada, qué parte de tu pie está pisando, cómo estás moviendo los brazos, qué tan recta está tu pierna de apoyo, la estabilidad que proviene de tu dedo gordo. Siente todo cada vez que corras. Mientras más conciencia tengas de tu forma, mejor correrás. Con la práctica, la conciencia de tu forma se volverá tan natural que tendrás conciencia sin ser consciente de ello. Genial, ¿no? Sé como el águila calva: siempre alerta, siempre en paz y concentrada.

5

LA CIMENTACIÓN ESTRATÉGICA PARA EL CORREDOR

PARA CORRER BIEN a lo largo de grandes distancias hace falta algo más que resistencia; se necesita fuerza y velocidad. Para desarrollarlas necesitas un programa completo de entrenamiento.

En las páginas que siguen hablaré abundantemente sobre la cimentación estratégica para el corredor, y si lo único que llegas a recordar de este libro es esta filosofía, estarás muy por delante de muchos corredores.

A primera hora de la tarde de nuestro cuarto día juntos dejamos Jackson por la salida que pasa por la colina Blacktail. ¿Cómo están tus pantorrillas? Si nunca antes habías pisado con el antepié, esos kilómetros de ayer por la ribera del río Snake las habrán dejado doloridas. Eso es señal inequívoca de que estás en la senda correcta para adoptar una mejor forma de correr.

Mira en dirección al noreste. ¿Ves algo que se parezca a aquella cresta en la cordillera Gros Ventre? ¿Todavía no? Esa es la montaña Sheep, pero los lugareños la llamamos el *Indio Dormido*. Sí, ¿ya lo ves? Ese ángulo agudo en la cresta es la nariz, la suave pendiente es su frente, y esa parte abultada al centro son sus manos cruzadas sobre el pecho. Lo sé, es increíble. Entramos al Parque Nacional Grand Teton dejando atrás una manda de alces, y la manada aún mayor de visitantes del parque sacando fotos con sus enormes cámaras (tan grandes que podrían ser telescopios; uno nunca sabe si vienen de parte de Nat Geo o son turistas de Georgia).

Tomamos un camino de grava hacia el lago Phelps. Tienes suerte: hasta hace poco, solo los miembros e invitados de la familia Rockefeller podía acceder a este territorio, que el fundador de Standard Oil compró por una bicoca después del *crack* de 1929. A lo largo de los años, la familia donó al gobierno la mayor parte de los 33 000 acres. Esta fue la última parcela que cedieron, y cerca de aquí estaban las cabañas de los Rockefeller, un buen lugar para vacacionar.

Bien, empecemos con una carrera ligera de calentamiento rumbo al lago Phelps, por la base del Death Canyon. Pero ya basta de historia; hablemos del futuro, de tu futuro como corredor. Has trabajado —y seguirás haciéndolo— en fortalecer tus pies, desarrollar equilibrio muscular y adoptar la forma correcta. Ahora le daremos uso a todo esto. Ya seas un corredor principiante o experto, tu entrenamiento debe ser una base sólida que te permita alcanzar tus objetivos y, no lo olvidemos, para correr de manera saludable. Requieres un sistema, un programa de carreras confeccionado estratégicamente a la medida de tus necesidades actuales para desarrollar simultáneamente resistencia, fuerza y velocidad.

Yo entreno a corredores de todo el mundo, de todas las aptitudes y para todas las distancias. Muchos de ellos se acercaron a mí sin haber seguido nunca un plan de entrenamiento estructurado. Cuando decidieron seguir el mío y confiar en los objetivos propuestos, les encantó verse liberados de la responsabilidad de confeccionar un plan, y poder concentrarse en el proceso día tras día. Adoptaron gustosos la programación y se emocionaron con la estructura y con la variedad que ésta aportaba a sus sesiones de entrenamiento.

Seguramente tú, al igual que ellos, sentirás una gran satisfacción al completar tu programa de cada día, así como al terminar (o ganar) una carrera, ya sea de 5 kilómetros o un ultramaratón, sabiendo que fue tu entrenamiento el que te llevó a ese punto.

Así como con la fuerza y con la forma, todos podemos beneficiarnos al desarrollar una base sólida con nuestro entrenamiento. Y me refiero a todos, en cualquier nivel: al experto que no puede mejorar sus tiempos; al veterano que se siente atascado haciendo las mismas cosas una y otra vez; al maratonista que nunca ha trabajado en desarrollar su velocidad o su fuerza; al corredor de pruebas de 10 kilómetros, incapaz de hacer un buen *sprint* al acercarse a la línea de meta; o al corredor recreativo para quien su recreación ha dejado de ser recreativa. Ya hasta hice un trabalenguas.

Chris McDougall es el ejemplo perfecto del poder transformador de una base sólida de entrenamiento. Después de que Chris y yo apostáramos en Denver a que él podría correr con los tarahumaras y terminar la carrera de la Barranca del Cobre, trabajamos en su fuerza y en su forma, por supuesto, pero fue su entrenamiento estratégico el que hizo que todo el conjunto funcionara.

Como comenté al principio, Chris estaba hecho una ruina cuando lo conocí. Prácticamente se desmoronaba con cada zancada que daba. Le resultaba incómodo correr despacio, tanto por su forma como por su ineficiencia al quemar grasa, así que tendía a acelerar el paso. Por otra parte, no podía mantener un paso rápido por falta de fuerza, en particular de fuerza neuromuscular.

En un plazo muy corto tuve que prepararlo para una carrera de 80.5 kilómetros de terreno empinado y difícil. Chris debía desarrollar fuerza y economía al correr, así como incrementar su resistencia. Si yo me hubiera concretado a darle un programa que simplemente aumentara el número de kilómetros por semana, jamás habría terminado la carrera de la Barranca del Cobre. Lo que necesitaba era una base sólida de fuerza, a partir de la cual recorrer todos esos kilómetros.

Durante ocho semanas lo hice seguir un régimen de carreras cortas y *sprints* en laderas —que promovían el desarrollo de la fuerza—, e incrementé gradualmente el número de kilómetros. Al cabo de dos meses fue capaz de correr casi diez horas por semana, siendo su carrera larga de casi cuatro horas. En el aspecto cardiovascular, Chris resultó ser más que apto, como lo somos la mayoría. La clave fue dar a su cuerpo la fuerza para recorrer esos kilómetros. Ahí es donde entró en juego la estrategia. La idea de asignarle una serie de carreras y *sprints* en laderas podría parecer extraña, considerando que permanentemente estaba lesionado, pero funcionó (y debido al tiempo tan limitado del que disponía, era lo único que podía hacerse).

Después de esas primeras semanas hicimos entrenamiento intermitente, así como carreras prolongadas, a paso lento y con descansos limitados, que monitoreábamos con base en la frecuencia cardiaca para administrar la quema de grasa. Chris se sentía cada vez más confiado y más consciente de cuánto podía exigirse. Luego, en las ocho semanas finales, nos concentramos en el desarrollo de la resistencia para carreras a paso acelerado. Esto le permitió correr más rápido y por más tiempo, así como maximizar su organismo para que el paso de la carrera le pareciera fácil, y su resistencia y eficiencia musculares, para manejar el terreno a lo largo de 80.5 kilómetros.

Chris cruzó la línea de meta en la Barranca del Cobre, y alcanzó su objetivo mayor: construir una base atlética sólida gracias a la cual podría hacer todo tipo de carreras, cortas y largas, lentas y rápidas, y en el momento en que quisiera.

Como podrás notar cuando hablo de Chris, soy un fanático del entrenamiento. Esto es lo que vivo y lo que respiro. Mi pasión es promover mejorías drásticas en el desempeño, aparte de los progresos graduales. No hay razón para que las características de un corredor bien entrenado no sean tan evidentes para ti como lo son para mí. Además, no siempre lo tuve tan claro como ahora. Fue hasta que empecé a entrenar triatletas en el invierno de Colorado que comprendí cuán benéfico era ofrecerles algo más que el entrenamiento tradicional de resistencia. Debido al clima frío y nevado que caracteriza el inicio de la estación, no podía pedirles que acumularan kilómetros en el exterior, ya sea en la bicicleta o corriendo. Para el entrenamiento de resistencia tuve que recurrir a ejercicios de mayor calidad, velocidad y fuerza, que pudieran realizarse en interiores y en periodos cortos en el exterior. Los triatletas empezaron a desempeñarse mejor que cuando les asignaba ejercicios más prolongados y numerosos. Esta experiencia me mostró que la fuerza y la velocidad musculares determinan la resistencia y el desempeño, y no al revés. Desde entonces me he dedicado a buscar la mezcla perfecta de fuerza, velocidad pura y resistencia para su entrenamiento.

Y sin duda se trata de una mezcla. La fuerza, la velocidad y la resistencia no son entidades independientes. Se complementan una a la otra; trabajan y se consolidan juntas, casi como el agua, el arena y el cemento en la formación del concreto.

Digo «casi» porque esta analogía tiene sus límites, y ya puedo ver a algunos entrenadores, médicos y fisiólogos del desempeño jalándose los cabellos y cuestionando mi uso de las palabras *fuerza*, *resistencia* y *velocidad*. Y tienen razón. En estas palabras, así como en el programa que te presentaré, hay innumerables niveles e intersecciones, y resultaría imposible explicar con todo detalle y precisión el razonamiento que sirve de trasfondo a mis métodos.

La buena noticia es que estoy aquí en el papel de entrenador, no de catedrático. Estoy aquí para ayudarte a comprender qué clase de entrenamiento debes realizar y por qué, no para prepararte para los exámenes de medicina. Si ya me he ganado tu confianza, no dudes en saltar directamente al programa de entrenamiento: muchos de mis atletas lo hacen. No obstante, también considero que el conocimiento es poder.

Si en algún momento pierdes el hilo, solo recuerda: para correr bien a lo largo de grandes distancias no basta con la resistencia: necesitamos ser fuertes y rápidos.

La mezcla base

Luego de una carrera de 3.2 kilómetros desde mi camioneta llegamos al lago Phelps. Sí, es esa joya azul claro que se ve entre abetos. Esos Rockefeller sí sabían darse la buena vida. Ahora esta extensión de agua es tuya tanto como lo es de ellos.

Hay un sendero llano que corre alrededor del lago. Quiero que avances lentamente, a paso cómodo, mientras te hablo de la mezcla.

Resistencia

La capacidad de seguir todo el tiempo necesario sin colapsar: esta es una muy buena definición de resistencia. Ahora bien, dicho colapso puede ser de varias clases: de la forma, muscular, cardiovascular, del aprovechamiento del combustible, y es aquí donde las cosas empiezan a complicarse. Nuestro entrenamiento se centrará en la resistencia para la velocidad y para la fuerza, que previene el colapso.

Ahora explicaré qué entiendo por entrenamiento exclusivo para la resistencia. Su aspecto más evidente es el acondicionamiento cardiovascular. Muchos corredores que retoman el atletismo a sus treintaitantos o incluso cuarentaitantos años, sienten que adquirir este tipo de resistencia es muy difícil. Durante las primeras semanas respiran con dificultad y su corazón trabaja al máximo. Este parece el mayor obstáculo que deben superar en su entrenamiento. Y sí, es fundamental, pero la verdad es que la mayoría de los corredores se adaptan con facilidad a las exigencias cardiovasculares. Si incrementas periódicamente el número de kilómetros, respirarás con facilidad y tu corazón se estabilizará. Este aspecto casi nunca limita el desempeño. ¿Has sabido de algún ultramaratonista que abandone la carrera por quedarse sin aliento?

El otro aspecto del entrenamiento exclusivo para la resistencia es el de entrenar al cuerpo a quemar la grasa de manera eficiente. No me refiero a que bajarás de peso. Lo lamento. La grasa almacena una gran cantidad de energía (más que carbohidratos por caloría), y la mayoría de las personas tienen suficiente grasa para correr varios maratones, uno tras otro. Pero debido a la manera ineficiente en que la quemamos, nuestro cuerpo puede recurrir demasiado (o demasiado pronto) a los carbohidratos en busca de combustible. Esto es un problema porque nuestras reservas de carbohidratos son limitadas. Si aprendes a quemar grasa de manera más eficiente, podrás correr por más tiempo y tendrás mayor resistencia. Dicha eficiencia se logra aumentando en el cuerpo el número de mitocondrias (pequeños quemadores de grasa que producen energía). Esta fue la explicación simple.

¿Existe algún multivitamínico que aumente el número de mitocondrias y que nos vuelva más eficientes y resistentes? No es tan sencillo, pero tampoco es tan complicado.

Por cierto, cuando te dije que bordearas a paso lento el lago Phelps no quise decir que a paso moderado. Aminora un poco tu velocidad. Muchas personas desconocen cómo correr lentamente, y cuán necesario es hacerlo. Para muchos, correr lentamente resulta incómodo y por esa razón lo evitan. Sí, incómodo, lo que significa que no se siente bien y no se puede hacer por mucho tiempo, lo que a menudo se debe a la forma incorrecta o a la administración inadecuada de la energía al correr.

Ahora bien, a las mitocondrias les encanta ese paso lento; es el entorno perfecto para que se multipliquen. Si entrenas con mayor lentitud, quemarás grasa de manera más eficiente y podrás correr más tiempo, más rápido, y utilizando una fuente de energía más eficiente. Eso incrementará tu resistencia. Un beneficio adicional es que tus carreras lentas dirigidas a quemar grasa te dan la oportunidad de desarrollar una buena forma, lo que también refuerza tu eficiencia. Es un círculo virtuoso.

Fortaleza

Ya hemos empezado a desarrollar tu fortaleza y tu equilibrio muscular. El objetivo del entrenamiento estratégico es acondicionar a los músculos para que trabajen mejor, con mayor eficiencia, y prepararlos para las exigencias de resistencia que les haremos. Esto te permitirá correr con mayor energía, por más tiempo, y en un nivel de esfuerzo más elevado.

Volvamos al ultramaratonista que mencionamos antes. ¿Por qué es incapaz de terminar? Si no se trata de debilidad cardiovascular, ¿qué es? Por lo general se debe a falta de fuerza y de una buena administración. Sus músculos simplemente no le permiten continuar, o son incapaces de producir un paso lo bastante rápido por el tiempo suficiente para terminar. Lesiones, fatiga, falta de progreso: la culpa no es de la incapacidad de tu organismo para llevar oxígeno a todo el cuerpo; es de la debilidad y la ineficiencia muscular.

En nuestro entrenamiento estratégico me enfoco en dos clases de fortalezas, ambas indispensables para tu progreso. La primera es la más obvia: la del aparato locomotor. Gracias a nuestro trabajo en la forma y con la tabla inclinada, el disco de equilibrio y la pelota de ejercicios, ya vamos por la senda correcta. Con la alternancia de carreras rápidas y lentas, las carreras en pendientes (con breve descansos entre cada una), y los ejercicios aeróbicos y anaeróbicos, seguimos avanzando por ese camino que te permitirá desarrollar unos músculos más poderosos y mejor administrados.

El mismo programa de carreas influye también un una clase diferente de fortaleza, una en la que tal vez nunca habías pensado: la neuromuscular. Aquí no nos referimos a la calidad ni al tamaño de los músculos, sino a la eficiencia con que los controlamos. En concreto, entrenarás a tu sistema nervioso para que realice un mejor trabajo al reclutar y estimular las fibras musculares. Mientras más señales envíe el cerebro, más eficientes serán los músculos. Dicho de otra manera, los nervios aprenden a activar los músculos de las piernas con más rapidez y involucrando más fibras musculares. Esto te dará la fuerza necesaria para subir las diferentes pendientes durante una carrera, así como la energía para trepar esas colinas y montañas mucho más rápido, y con menos desgaste.

Velocidad pura

Primero déjame explicarte a qué llamo velocidad pura: es la distancia que puedes correr en un minuto, en un esfuerzo breve, rápido.

De entrada podrías pensar que la velocidad pura no es algo que le concierna a un corredor de distancia. Quienes corren por diversión, en particular si son principiantes, rara vez toman en cuenta la velocidad. Lo único que les interesa es terminar esa carrera de 10 kilómetros, medio maratón o maratón, sin terminar en un charco de sudor y sufrimiento. Lo entiendo.

También están quienes piensan que la velocidad pura es un talento con el que se nace. Creen que la velocidad que alcanzan ahora es lo máximo a lo que pueden aspirar. Sí y no. Si tu forma y acondicionamiento son perfectos, definitivamente hay un límite físico de qué tan rápido puedes recorrer doscientos metros. No, no es probable que ya hayas alcanzado ese límite físico. En otras palabras, tienes posibilidad de mejorar.

La velocidad pura determina tu capacidad y potencial de desempcño. A mayor velocidad pura, más rápido serás en general en las carreras de distancia. Por su carácter acumulativo, una pequeña mejoría en velocidad pura tiene un efecto enorme. En el entrenamiento que comenzarás pronto, harás muchas carreras cortas y rápidas sobre terreno llano, que pondrán a prueba tu capacidad anaeróbica. Imaginemos que después de cierto periodo mejoras por tres segundos tu tiempo de los doscientos metros. Eso representa una reducción aproximada de 15 segundos en tu paso de minuto por kilómetro, una notable mejoría en tu capacidad y potencial.

Finalmente, las carreras cortas y rápidas resultan muy satisfactorias: mejoran tu rango de movimiento; producen en el cuerpo químicos que actúan como lubricantes. En otras palabras, las carreras rápidas y divertidas hacen que el cuerpo se sienta ben y saludable.

La mezcla

En algunas etapas de tu entrenamiento fundamental nos concentraremos en uno de los tres ingredientes clave de la mezcla: resistencia, fuerza o velocidad. En otros, nos enfocaremos en la resistencia y en sus distintas formas: resistencia de fuerza (cuánto tiempo puedes mantener la fuerza de los músculos), y resistencia de velocidad (cuánto tiempo puedes mantener cierta velocidad). Espero que ya tengas una buena idea de qué se trata todo esto. El cuerpo es una bestia maravillosamente complicada.

La carrera como juego: los tarahumaras

Ya hemos hablado de cómo el estilo de vida de los tarahumaras contribuye a que sean grandes ultramaratonistas. Lo que sigue siendo un misterio para muchos —cómo entrenar para maximizar la capacidad y el desempeño al correr— los tarahumaras lo hacen como parte de sus actividades cotidianas. Sí, ellos tienen una gran fortaleza y una gran forma, pero su estilo de vida hace que desde la infancia desarrollen la velocidad, la fuerza y la resistencia.

Desde el momento en que dan sus primeros pasos caminan mucho, todo el tiempo, subiendo y bajando pendientes. Ellos no cuentan con caballos, autos, autobuses ni bicicletas. Si quieren llegar a algún lugar, caminan. Además, les encanta correr.

Pero si quisiéramos hablar de un «arma secreta» de los tarahumaras, tendría que ser el juego *rarajípari*. Los niños lo practican tan pronto pueden (aunque en distancias más cortas que los adultos). Consiste en lo siguiente: se forman equipos de 8 a 10 jugadores y se acuerda una distancia para la carrera, normalmente de 5 a 10 km para los niños, en un sendero cuya meta es la propia línea de salida, de manera que los pueblerinos puedan mirar. El objetivo es ser el primer equipo en llevar una bola de madera del tamaño de una pelota de beisbol a lo largo de la distancia acordada. Algunos jugadores usan un pequeño palo de madera con el que se acomodan la pelota sobre el pie para lanzarla muy alto, pero por lo demás es un juego de pelota y de movimientos muy rápidos del pie sobre terreno montañoso e irregular. Con esas carreras cortas y rápidas, subiendo y bajando los desfiladeros y siguiendo la pelota, los niños tarahumaras desarrollan fuerza y velocidad increíbles, y se divierten haciéndolo.

Cuando son adultos, los tarahumaras pasan sin dificultad a la versión más larga del juego, de 80.5 a 161 kilómetros. Para estas alturas requieren muy poco o ningún entrenamiento adicional para competir en la distancia mucho mayor del juego para adultos o para ganar ultramaratones.

El programa básico

Fase de preparación

Pero incluso antes de empezar esta fase de preparación, conviene que hayas terminado la transición a la carrera formal, lo que preparará a tu cuerpo para las nuevas exigencias de la forma correcta de correr. Es también deseable que hayas trabajado en tu entrenamiento de fuerza.

Asimismo, antes de empezar el programa elemental necesitas cierto nivel de condición física. Si tus pantorrillas ya no te duelen y tus glúteos están activándose correctamente, conviene que desarrolles consistencia y resistencia como preparación para las exigencias del programa elemental. Si eres un corredor experimentado y crees que tienes una base sólida, considera esta fase de preparación como una oportunidad para continuar tu rejuvenecimiento y concentrarte en la forma correcta de correr. (Resiste el impulso de hacer más; muy pronto te verás trabajando arduamente).

Programa

Continúa con el entrenamiento de fuerza y realiza cuatro carreras ligeras de 30 minutos a la semana de tres a seis semanas (o más, si quieres) antes de comenzar el programa. Estas carreras seguirán siendo un ejercicio de baja intensidad. Trabaja en tu pisada y en la conciencia de la forma. La forma correcta de correr es un trabajo continuado de toda la vida; si lo deseas, continúa trabajando en los ejercicios de forma durante esta fase de preparación.

Ya hemos recorrido la mitad del camino alrededor del lago. Subamos a este peñasco; vamos con cuidado a la orilla. Son 30 pies de aquí al agua. Es la roca de los Saltos, un nombre adecuado pues los nadadores saltan de aquí al lago. Pero no te dejes engañar por la brisa de verano; el agua está helada, incluso ahora, pero resulta muy conveniente para aliviar esas pantorrillas doloridas.

La roca de los Saltos es una metáfora perfecta para el lugar donde te encuentras: es momento de saltar a un programa de carreras diferente, diseñado específicamente para ti.

Sé que existen toda clase de programas: haz tantos kilómetros hoy y tantos otros mañana, hasta sumar cierto número esta semana; incrementa la distancia conforme vayas avanzando; luego disminúyela conforme se acerque el día de la carrera. Hay quienes realizan carreras interválicas y carreras en pendientes. Otros incluyen el entrenamiento cruzado. Muchos son muy útiles en preparación para carreras de distancias específicas, y tú puedes seguirlos cuando hayas terminado este programa.

Pero primero lo primero: sigue este programa de cinco meses. Desarrollarás una base sólida y durable a partir de la cual podrás realizar el tipo de carrera que quieras.

Después de la fase de preparación que desarrollé para ti empezarás con el programa elemental determinando tu condición física actual. Para ello realizaremos dos tests que miden la situación actual de tu mezcla de ingredientes. Con estos resultados podremos establecer los rangos de entrenamientos (basados en frecuencia cardiaca y velocidad) en los que deberás trabajar durante las diferentes partes del programa de cinco meses. En prácticamente todas tus carreras monitorearás tu frecuencia cardiaca o velocidad, de manera que mantengas el nivel de esfuerzo requerido para ese día.

Este programa es personalizado y estratégico. Comenzarás en tu nivel actual de fuerza, velocidad y resistencia. En todo momento entrenarás dentro de los límites de tu capacidad, y al monitorear cada carrera realizarás el objetivo de cada sesión de entrenamiento, que puede ser el desarrollo de resistencia, fuerza, velocidad, o una mezcla de dos de ellas o de las tres. Tu entrenamiento nunca será insuficiente ni excesivo, y siempre obtendrás el máximo beneficio por tu esfuerzo.

Un concepto fundamental para obtener este beneficio máximo es el de umbrales. Creo que en cada ingrediente de tu mezcla —fuerza, resistencia y velocidad, o en combinaciones de las anteriores— hay un nivel determinado de esfuerzo sostenido (basado en la cantidad de tiempo o en el factor velocidad/intensidad) que puedes mantener sin colapsar o sin llegar al punto de rendimientos decrecientes. El trabajo continuo en estos niveles (con base en los rangos de entrenamiento de tu programa) te dará la máxima ganancia por tu esfuerzo. Esto se aplica a la totalidad del espectro de intensidad, desde umbrales de carreras para quemar grasa, hasta carreras rápidas que aumentan tu resistencia de velocidad.

El programa de cinco meses consta de dos fases. Las llamo, con gran ingenio, fase uno y fase dos. Las verás señaladas en tu programa.

En la fase uno el objetivo principal es desarrollar una base sólida de tus ingredientes puros: resistencia aeróbica (cardiovascular, eficiencia en la quema de grasa), fortaleza (locomotora y neuromuscular), y velocidad pura. En esta fase aumentamos progresivamente la cantidad de carreras. En la fase dos nos concentramos en sesiones de entrenamiento de mayor intensidad, planteando un verdadero desafío a tu capacidad anaeróbica con el fin de desarrollar tu resistencia de velocidad y tu resistencia de fuerza. El número de carreras no cambia y, de hecho, reducimos el tiempo de tus carreras largas. En ambas fases del programa seguimos un plan progresivo: tres semanas de trabajo cada vez más intenso seguidas por una semana de recuperación.

Cuando hayas concluido este programa y hayas sentado tus cimientos, serás un corredor más fuerte en todos los aspectos. Si eres principiante, puedes usar el programa como preparación para carreras desde cinco kilómetros hasta medio maratón. Estarás listo en un santiamén. También puede ayudarte a tener un buen desempeño en un maratón, pero si entrenas un poco más —en concreto, si practicas carreras más largas y carreras a paso de maratón— podrás estar seguro de cruzar la línea de meta con energía y velocidad.

Si eres un corredor experimentado, comienza este programa después de la temporada; úsalo para sentar unos nuevos cimientos sobre los cuales desarrollar tus propios objetivos de entrenamiento. Si eres ultramaratonista, sigue este programa al inicio de la temporada y luego haz de ocho a diez semanas de entrenamientos más largos y específicos para tu carrera. Ve cómo mejoran tu fortaleza y velocidad.

Equipo

Primero lo primero: debes ira a la tienda a comprar un reloj con GPS y monitor de frecuencia cardiaca. Si todavía no lo tienes, consíguelo sin falta. Yo soy agnóstico en lo que se refiere a marcas, pero busca uno de buena calidad. Lo que necesitamos es precisión y confiabilidad; necesitamos saber en tiempo real qué tan rápido estás corriendo y cuál es tu frecuencia cardiaca.

Fase de tests

Cuando hayas comprado tu equipo mediremos tu condición física actual con dos tests diferentes, los cuales nos permitirán identificar tus rangos de entrenamiento específicos. Pero una advertencia: cuando los realices, no te mates; esto no es una competencia.

Haz tu mejor esfuerzo y no olvides que es una prueba diagnóstica. Como entrenador, espero que después de realizar estos tests mis atletas me digan algo como: «Lo hice bien pero creo que puedo hacerlo mejor». Esto significa que se esforzaron pero no acabaron tumbados sobre la pista y maldiciéndome.

Estos tests deben realizarse en superficies regulares y planas. Si puedes utilizar alguna pista en una secundaria o universidad, perfecto. Si no, marca el terreno de manera que puedas reutilizarlo en tests subsecuentes.

Realiza estas pruebas con dos o tres días de recuperación entre ellas. Puedes hacer carreras ligeras en los días intermedios, pero mantente fresco para los tests. Asimismo, haz una carrera de práctica con tu nuevo reloj, de manera que sepas manejar todas las funciones necesarias para registrar tu información. Repetir un test nunca es divertido.

A. TEST UNO: CARRERA DE UN KILÓMETRO

1. Calentamiento: 20 minutos de carrera ligera; acelera a paso moderado durante los 5 minutos finales. Luego haz 4 aceleraciones cortas de aproximadamente 30 segundos cada una (incrementando la velocidad durante toda su duración) con 1 minuto de descanso (de carrera ligera o caminata, lo que prefieras) entre cada una. Después de la aceleración final, descansa un minuto aproximadamente antes del test. Recuerda: no es necesario registrar la información de frecuencia cardiaca ni de velocidad durante el calentamiento.
2. Test: una carrera cronometrada de un kilómetro, a la velocidad más rápida y constante que puedas. No olvides activar tu reloj inicio del test para medir tu frecuencia cardiaca y velocidad, y detenerlo al final, de manera que registre solo el fragmento de la carrera que forma parte del test.
3. Enfriamiento: 10 minutos de carrera ligera o caminata.

4. Información: registra frecuencia cardiaca promedio, frecuencia cardiaca máxima y tiempo total del test.

B. TEST DOS: CARRERA DE VEINTE MINUTOS

1. Calentamiento: 15 minutos de carrea ligera; acelera a paso moderado durante los 5 minutos finales. Luego haz 4 aceleraciones cortas de aproximadamente 30 segundos cada una (incrementando la velocidad durante toda su duración) con 1 minuto de descanso entre cada una. Después de la aceleración final, descansa un minuto aproximadamente antes del test. Recuerda: no es necesario registrar la información de frecuencia cardiaca ni de velocidad durante el calentamiento.
2. Test: una carrera de 20 minutos, a la velocidad más rápida y constante que puedas. No olvides activar tu reloj inicio del test para medir tu frecuencia cardiaca y velocidad, y detenerlo al final, de manera que registre solo el fragmento de la carrera que forma parte del test.
3. Enfriamiento: 10 minutos de carrera ligera o caminata.
4. Información: registra frecuencia cardiaca promedio, frecuencia cardiaca máxima, velocidad promedio en minutos por kilómetro y distancia recorrida durante el test.

C. TEST RECREACIONAL: CARRERA DE UN MINUTO

1. Calentamiento: 20 minutos de carrera ligera; acelera a paso moderado durante los 5 minutos finales. Luego haz 4 aceleraciones cortas de aproximadamente 30 segundos cada una (incrementando la velocidad durante toda su duración) con 1 minuto de descanso entre cada una. Después de la aceleración final, descansa un minuto aproximadamente antes del test. Recuerda: no es necesario registrar la información de frecuencia cardiaca ni de velocidad durante el calentamiento.

2. Test: una carrera de un minuto, a la velocidad más rápida que puedas. No olvides activar tu reloj al inicio del test para medir tu velocidad y la distancia, y detenerlo al final, de manera que registre solo el fragmento de la carrera que forma parte del test.
3. Enfriamiento: 10 minutos de carrera ligera o caminata.
4. Información: registra tu velocidad promedio y la distancia recorrida durante el tests.

Rangos de entrenamiento

Una vez realizados estos tests tendrás la información necesaria para determinar tus rangos de frecuencia cardiaca y de velocidad. Estos rangos te servirán para establecer qué tan rápido o a qué frecuencia cardiaca deberás ejecutar los ejercicios diarios a lo largo del programa de cinco meses. Insisto: es estratégico porque dichos ejercicios se basan en tu condición física actual, de manera que puedes maximizar tus ganancias en fortaleza, velocidad y resistencia al tiempo que evitas el ejercicio insuficiente o excesivo. Este no es un programa unitalla; todo lo contrario.

Para determinar tus rangos de velocidad (RV), toma tu tiempo del test de un kilómetro y empátalo con el más cercano en la columna de la extrema izquierda de la tabla de rangos de velocidad que está a continuación. Si no hay una coincidencia exacta, redondéalo al tiempo más cercano de la lista. Luego recorre tu dedo hacia la derecha de la tabla para ver dónde está tu rango de velocidad en la lista del 1 al 7. Por ejemplo, si el tiempo de tu test de un kilómetro fue 7:57, debes redondearlo al 7:55 de la columna de la izquierda de la tabla. De aquí se entiende que tu tiempo en el rango de velocidad 1 sería 11:12 a 10:41. Esto significa que debes realizar los ejercicios asignados para el rango de velocidad 1 a un paso de entre 11:12 y 10:41 por kilómetro. Tu rango de velocidad 5 sería 8:34 a 8:18 por kilómetro, por lo que deberás realizar las carreras asignadas para esta zona al paso de los minutos

Carrera de 1 km	Rango de velocidad 1		Rango de velocidad 2		Rango de velocidad 3		Rango de velocidad 4		Rango de velocidad 5		Rango de velocidad 6		Rango de velocidad 7	
06:15	08:45	08:26	07:49	07:30	07:30	07:11	07:05	06:52	06:42	06:34	06:24	06:15	06:02	05:56
06:10	08:38	08:19	07:43	07:24	07:24	07:05	06:59	06:46	06:37	06:28	06:19	06:10	05:57	05:51
06:05	08:32	08:12	07:37	07:18	07:18	06:59	06:53	06:41	06:32	06:23	06:14	06:05	05:52	05:46
06:00	08:25	08:05	07:31	07:12	07:12	06:53	06:48	06:35	06:27	06:17	06:09	06:00	05:47	05:41
05:55	08:18	07:58	07:25	07:06	07:06	06:47	06:42	06:30	06:22	06:12	06:04	05:55	05:43	05:36
05:50	08:11	07:52	07:19	07:00	07:00	06:42	06:37	06:24	06:17	06:07	05:59	05:50	05:38	05:32
05:45	08:04	07:45	07:13	06:54	06:54	06:36	06:31	06:19	06:11	06:01	05:54	05:45	05:33	05:27
05:40	07:58	07:38	07:07	06:48	06:48	06:30	06:26	06:13	06:06	05:56	05:49	05:40	05:28	05:22
05:35	07:51	07:31	07:01	06:42	06:42	06:24	06:20	06:08	06:01	05:51	05:44	05:35	05:24	05:17
05:30	07:44	07:25	06:55	06:36	06:36	06:19	06:15	06:02	05:56	05:46	05:39	05:30	05:19	05:13
05:25	07:38	07:18	06:49	06:30	06:30	06:13	06:09	05:57	05:50	05:41	05:34	05:25	05:14	05:08
05:20	07:31	07:11	06:43	06:24	06:24	06:07	06:04	05:52	05:45	05:35	05:29	05:20	05:10	05:03
05:15	07:24	07:04	06:37	06:18	06:18	06:01	05:58	05:46	05:40	05:30	05:24	05:15	05:05	04:58
05:10	07:17	06:58	06:31	06:12	06:12	05:56	05:53	05:40	05:35	05:25	05:19	05:10	05:00	04:54
05:05	07:11	06:51	06:25	06:06	06:06	05:50	05:47	05:35	05:29	05:19	05:14	05:05	04:55	04:49
05:00	07:04	06:44	06:19	06:00	06:00	05:44	05:42	05:29	05:24	05:14	05:09	05:00	04:50	04:44
04:55	06:57	06:38	06:13	05:54	05:54	05:39	05:36	05:24	05:19	05:09	05:04	04:55	04:46	04:40

CORRE SIN LÍMITES

CARRERA DE 1 KM	RANGO DE VELOCIDAD 1		RANGO DE VELOCIDAD 2		RANGO DE VELOCIDAD 3		RANGO DE VELOCIDAD 4		RANGO DE VELOCIDAD 5		RANGO DE VELOCIDAD 6		RANGO DE VELOCIDAD 7	
04:50	06:50	06:31	06:07	05:48	05:48	05:33	05:31	05:18	05:14	05:04	04:59	04:50	04:41	04:35
04:45	06:45	06:25	06:02	05:43	05:43	05:28	05:26	05:14	05:09	05:00	04:55	04:45	04:37	04:31
04:40	06:37	06:17	05:55	05:36	05:36	05:21	05:20	05:07	05:03	04:53	04:49	04:40	04:31	04:25
04:35	06:30	06:11	05:49	05:30	05:30	05:16	05:14	05:02	04:58	04:48	04:44	04:35	04:27	04:21
04:30	06:24	06:04	05:43	05:24	05:24	05:10	05:09	04:57	04:53	04:43	04:39	04:30	04:22	04:16
04:25	06:17	05:57	05:37	05:21	05:18	05:04	05:03	04:51	04:47	04:38	04:34	04:25	04:17	04:11
04:20	06:11	05:52	05:32	05:13	05:13	05:00	04:59	04:47	04:43	04:34	04:30	04:20	04:14	04:07
04:15	06:06	05:46	05:27	05:07	05:07	04:54	04:54	04:42	04:39	04:29	04:26	04:16	04:10	04:03
04:10	05:57	05:38	05:20	05:00	05:00	04:47	04:47	04:35	04:32	04:22	04:19	04:10	04:03	03:57
04:05	05:50	05:31	05:13	04:54	04:54	04:42	04:42	04:29	04:27	04:17	04:14	04:05	03:59	03:53
04:00	05:43	05:23	05:07	04:47	04:47	04:35	04:36	04:23	04:21	04:11	04:09	04:00	03:53	01:31
03:55	05:36	05:17	05:01	04:41	04:41	04:29	04:30	04:18	04:16	04:06	04:04	03:55	03:49	03:43
03:50	05:30	05:10	04:55	04:35	04:35	04:24	04:25	04:12	04:11	04:01	03:59	03:50	03:44	03:38
03:45	05:23	05:04	04:50	04:30	04:30	04:19	04:20	04:07	04:06	03:56	03:54	03:45	03:39	03:33
03:40	05:16	04:57	04:43	04:24	04:24	04:13	04:14	04:02	04:01	03:51	03:49	03:40	03:35	03:29
03:35	05:09	04:49	04:37	04:17	04:17	04:06	04:08	03:56	03:55	03:45	03:44	03:35	03:30	03:23
03:30	05:02	04:43	04:31	04:11	04:11	04:01	04:02	03:50	03:49	03:39	03:39	03:30	03:25	03:19

Carrera de 1 km	Rango de Velocidad 1		Rango de Velocidad 2		Rango de Velocidad 3		Rango de Velocidad 4		Rango de Velocidad 5		Rango de Velocidad 6		Rango de Velocidad 7	
03:25	04:56	04:36	04:25	04:06	04:06	03:55	03:57	03:45	03:44	03:35	03:34	03:25	03:20	03:14
03:20	04:50	04:30	04:20	04:00	04:00	03:50	03:53	03:40	03:39	03:30	03:30	03:20	03:16	03:10
03:15	04:43	04:24	04:14	03:54	03:54	03:44	03:47	03:35	03:35	03:25	03:25	03:15	03:12	03:05
03:10	04:35	04:16	04:07	03:47	03:47	03:38	03:41	03:28	03:29	03:19	03:19	03:10	03:06	03:00
03:05	04:29	04:09	04:01	03:41	03:41	03:32	03:35	03:23	03:23	03:13	03:14	03:05	03:02	02:55
03:00	04:22	04:02	03:55	03:36	03:36	03:26	03:30	03:18	03:18	03:08	03:09	03:00	02:57	02:50
02:55	04:16	03:57	03:50	03:30	03:30	03:21	03:25	03:13	03:13	03:04	03:05	02:55	02:52	02:46
02:50	04:09	03:50	03:44	03:25	03:25	03:16	03:20	03:07	03:08	02:58	03:00	02:50	02:48	02:42
02:45	04:02	03:42	03:37	03:17	03:17	03:09	03:13	03:01	03:03	02:53	02:54	02:45	02:42	02:36
02:40	03:55	03:36	03:31	03:12	03:12	03:03	03:08	02:55	02:57	02:47	02:49	02:40	02:38	02:32
02:35	03:49	03:29	03:25	03:06	03:06	02:58	03:03	02:50	02:52	02:42	02:44	02:35	02:33	02:27
02:30	03:41	03:22	03:19	02:59	02:59	02:52	02:57	02:44	02:46	02:37	02:39	02:30	02:28	02:22
02:25	03:35	03:15	03:13	02:54	02:54	02:46	02:51	02:39	02:41	02:31	02:34	02:25	02:23	02:17
02:20	03:28	03:08	03:07	02:47	02:47	02:40	02:46	02:33	02:36	02:26	02:29	02:20	02:18	02:12

*Los rangos de velocidad se señalan con un factor de minutos por kilómetro.

por kilómetro señalado en ese rango. En tu programa vas a utilizar los siete rangos de entrenamiento.

Para calcular tus rangos de frecuencia cardiaca (RFC), toma tu frecuencia cardiaca promedio del test de 20 minutos y empátala con la frecuencia cardiaca promedio en la columna de la izquierda de la tabla de RFC, en la página siguiente. Luego recorre tu dedo hacia la derecha de la tabla para ver tus rangos de frecuencia cardiaca, del 1 al 7. Por ejemplo, si tu frecuencia cardiaca promedio en la carrera de 20 minutos fue 165, tu rango de frecuencia cardiaca en el rango 2 será de 133 a 142. Esto significa que deberás realizar las carreras asignadas para el RFC nivel 2 con un esfuerzo tal que tu frecuencia cardiaca se ubique entre 133 y 142 pulsaciones por minuto. El RFC nivel 7, el más intenso, requerirá que tu frecuencia cardiaca promedio suba a un rango de entre 161 y 165 pulsaciones por minuto. En el programa utilizarás los siete rangos de frecuencia cardiaca.

PRUEBA F. CARDIACA PROMEDIO	RANGO DE FRECUENCIA CARDIACA 1		RANGO DE FRECUENCIA CARDIACA 2		RANGO DE FRECUENCIA CARDIACA 3		RANGO DE FRECUENCIA CARDIACA 4		RANGO DE FRECUENCIA CARDIACA 5		RANGO DE FRECUENCIA CARDIACA 6		RANGO DE FRECUENCIA CARDIACA 7	
150	108	117	118	127	128	132	133	136	137	141	142	145	146	150
151	109	118	119	128	129	133	134	137	138	142	143	146	147	151
152	110	119	120	129	130	154	135	138	139	143	144	147	148	152
153	111	120	121	130	131	135	136	139	140	144	145	148	149	153
154	112	121	122	131	132	136	137	140	141	145	146	149	150	154
155	113	122	123	132	133	137	138	141	142	146	147	150	151	155
156	114	123	124	133	134	138	139	142	143	147	148	151	152	156
157	115	124	125	134	135	139	140	143	144	148	149	152	153	157
158	116	125	126	135	136	140	141	144	145	149	150	153	154	158
159	117	126	127	136	137	141	142	145	146	150	151	154	155	159
160	118	127	128	137	138	142	143	146	147	151	152	155	156	160
161	119	128	129	138	139	143	144	147	148	152	153	156	157	161
162	120	129	130	139	140	144	145	148	149	153	154	157	158	162
163	121	130	131	140	141	145	146	149	150	154	155	158	159	163
164	122	131	132	141	142	146	147	150	151	155	156	159	160	164
165	123	132	133	142	143	147	148	151	152	156	157	160	161	165
166	124	133	134	143	144	148	149	152	153	157	158	161	162	166
167	125	134	135	144	145	149	150	153	154	158	159	162	163	167

CORRE SIN LÍMITES

PRUEBA F. CARDIACA PROMEDIO	RANGO DE FRECUENCIA CARDIACA 1		RANGO DE FRECUENCIA CARDIACA 2		RANGO DE FRECUENCIA CARDIACA 3		RANGO DE FRECUENCIA CARDIACA 4		RANGO DE FRECUENCIA CARDIACA 5		RANGO DE FRECUENCIA CARDIACA 6		RANGO DE FRECUENCIA CARDIACA 7	
168	126	135	136	145	146	150	151	154	155	159	160	163	164	168
169	127	136	137	146	147	151	152	155	156	160	161	164	165	169
170	128	137	138	147	148	152	153	156	157	161	162	165	166	170
171	129	138	139	148	149	153	154	157	158	162	163	166	167	171
172	130	139	140	149	150	154	155	158	159	163	164	167	168	172
173	131	140	141	150	151	155	156	159	160	164	165	168	169	173
174	132	141	142	151	152	156	157	160	161	165	166	169	170	174
175	133	142	143	152	153	157	158	161	162	166	167	170	171	175
176	134	143	144	153	154	158	159	162	163	167	168	171	172	176
177	135	144	145	154	155	159	160	163	164	168	169	172	173	177
178	136	145	146	155	156	160	161	164	165	169	170	173	174	178
179	137	146	147	156	157	161	162	165	166	170	171	174	175	179
180	138	147	148	157	158	162	163	166	167	171	172	175	176	180
181	139	148	149	158	159	163	164	167	168	172	173	176	177	181
182	140	149	150	159	160	164	165	168	169	173	174	177	178	182
183	141	150	151	160	161	165	166	169	170	174	175	178	179	183
184	142	151	152	161	162	166	167	170	171	175	176	179	180	184
185	143	152	153	162	163	167	168	171	172	176	177	180	181	185

PRUEBA F. CARDIACA PROMEDIO	RANGO DE FRECUENCIA CARDIACA 1		RANGO DE FRECUENCIA CARDIACA 2		RANGO DE FRECUENCIA CARDIACA 3		RANGO DE FRECUENCIA CARDIACA 4		RANGO DE FRECUENCIA CARDIACA 5		RANGO DE FRECUENCIA CARDIACA 6		RANGO DE FRECUENCIA CARDIACA 7	
186	144	153	154	163	164	168	169	172	173	177	178	181	182	186
187	145	154	155	164	165	169	170	173	174	178	179	182	183	187
188	146	155	156	165	166	170	171	174	175	179	180	183	184	188
189	147	156	157	166	167	171	172	175	176	180	181	184	185	189
190	148	157	158	167	168	172	173	176	177	181	182	185	186	190
191	149	158	159	168	169	173	174	177	178	182	183	186	187	191
192	150	159	160	169	170	174	175	178	179	183	184	187	188	192
193	151	160	161	170	171	175	176	179	180	184	185	188	189	193
194	152	161	162	171	172	176	177	180	181	185	186	189	190	194
195	153	162	163	172	173	177	178	181	182	186	187	190	191	195
196	154	163	164	173	174	178	179	182	183	187	188	191	192	196
197	155	164	165	174	175	179	180	183	184	188	189	192	193	197
198	156	165	166	175	176	180	181	184	185	189	190	193	194	198
199	157	166	167	176	177	181	182	185	186	190	191	194	195	199
200	158	167	168	177	178	182	183	186	187	191	192	195	196	200

*Los rangos de frecuencia cardiaca se miden en latidos por minuto.

CORRE SIN LÍMITES

Tal vez te preguntes cómo calculé estos rangos. El cálculo considera un montón de aspectos fisiológicos además de mi experiencia al ver qué tan lejos y qué tan rápido puedo impulsar a mis atletas. Podría escribir un libro entero acerca de estos rangos, pero la verdad es que tú no necesitas todo el conocimiento científico subyacente para beneficiarte con este programa. Dicho de otra manera: los rangos ayudan a conseguir los objetivos generales del programa.

Por otra parte, es interesante saber qué es lo que obtendrás de cada rango en lo que se refiere a esfuerzo y beneficio. Abajo encontrarás una descripción general además de algunos consejos útiles para cada uno. Asimismo, presento algunos términos que demandan explicación y te ayudarán a entender lo que quiero decirte.

- ► Esfuerzo aeróbico. Es una carrera de paso ligero a moderado. La energía la obtienes a partir del oxígeno.
- ► Esfuerzo anaeróbico. En términos generales se trata de carreras cortas, rápidas e intensas, como los *sprints*. Te hacen trabajar duro y la energía la produces sin oxígeno.
- ► VO2max. El índice máximo con el que tu cuerpo consume oxígeno. Es básicamente la medida de tu capacidad aeróbica o, como me gusta decirlo, de qué tan rápido y eficiente es tu motor.
- ► Umbral. Puede que hayas oído hablar del umbral láctico, que mide qué tan rápido puedes ejercitarte utilizando el oxígeno para generar combustible. Cuando lo superas sientes ardor (ácido láctico) en los músculos, tu respiración se hace notablemente más trabajosa y te agotas rápidamente.
- ► Entrenamiento a paso de carrera. En los rangos verás que hablo de «esfuerzo de frecuencia cardiaca de entrenamiento para maratón» o «paso de entrenamiento para carrera de 10 kilómetros». Esta nomenclatura la encontrarás también en otros programas de entrenamiento. Yo la utilizo aquí para darte una referencia, y también por si quieres

usar estos rangos en otros programas después de sentar tus cimientos estratégicos. Considera que estas velocidades de carrera son para usarse en el entrenamiento y no marcan una expectativa específica de velocidad para las carreras.

Bien, sigamos adelante. Déjame explicarte cuál es la función de los diferentes rangos de la tabla.

RANGOS DE FRECUENCIA CARDIACA

Rango de frecuencia cardiaca 1

Las carreras de este rango son para recuperarse de ejercicios intensos y prolongados. La recuperación es una parte vital del entrenamiento, y cuando el cuerpo se reconstruye uno se vuelve más fuerte y rápido. A menudo los corredores pasan por alto la importancia de estas carreras y corren con demasiada intensidad. Este rango también se usa en calentamientos, enfriamientos e intervalos de descanso.

Corre este rango a solas para que no te sientas tentado a seguir el paso más rápido de tus amigos. Debes hacerlo en terreno llano y mantener tu frecuencia cardiaca dentro de los límites del rango.

Rango de frecuencia cardiaca 2

Muchos de tus kilómetros semanales los correrás en este rango. Ellos fortalecerán tu motor aeróbico y te proporcionarán unos cimientos duraderos de buena administración y resistencia para tus carreras más rápidas en el futuro. Este rango desarrolla especialmente la eficiencia de la quema de grasa. Y recuerda: es una carrera lenta que persigue propósitos muy importantes, aunque al principio te sea difícil mantener tu paso por debajo de lo que acostumbrabas en tus entrenamientos anteriores. Lo que estamos haciendo es multiplicar esas hermosas mitocondrias, y tú te volverás más rápido mediante este esfuerzo moderado.

Por ser un paso lento, el tiempo de recuperación de estas carreras es menor, lo que constituye una ventaja más. Esto significa que podemos correr más de ellas y con más frecuencia. Finalmente, este rango nos permite concentrarnos en la forma y el ritmo.

Realiza estas carreras en terreno llano o levemente ondulado, de manera que puedas administrar el esfuerzo y la frecuencia cardiaca. Ajusta la duración a tu capacidad y al tiempo que tengas disponible para entrenar ese día.

Rango de frecuencia cardiaca 3

Un peldaño más arriba del rango 2. Aquí empezarás a desarrollar algo de resistencia muscular y de fuerza, y seguirás fortaleciendo tu motor aeróbico y tu capacidad para quemar grasa. El objetivo es lograr una mejor administración por periodos cada vez más largos.

Procura que el terreno siga siendo llano u ondulado para que puedas mantener el nivel de esfuerzo y la frecuencia cardiaca, pero este rango permite mayor flexibilidad en el paso y podrás correr en compañía de amigos o subir algunas pendientes no muy pronunciadas. Ajusta la duración a tu capacidad y tiempo de entrenamiento disponible.

Rango de frecuencia cardiaca 4

Las carreras de este rango desarrollan la resistencia de fuerza y nos llevan a los niveles más altos del esfuerzo aeróbico prolongado, sostenido y moderado. También preparan al cuerpo para esfuerzos de mayor intensidad.

Realiza estas carreras en superficies planas y pendientes no muy pronunciadas, combinadas con alguna carrera ocasional por senderos montañosos. A manera de referencia para otros programas de entrenamiento, y para los que no utilizan la velocidad como parámetro, este es un esfuerzo de frecuencia cardiaca de entrenamiento para maratón.

Rango de frecuencia cardiaca 5

Aquí estás en el límite de tu capacidad aeróbica, justo debajo de tu umbral láctico. Estás desarrollando intensamente la resistencia de fuerza.

Concéntrate en mantenerte en los límites más bajos de este rango. Sé lo más constante que puedas durante esta carrera. El terreno llano o los ascensos largos y constantes son los mejores. Este es un esfuerzo de frecuencia cardiaca de entrenamiento para medio maratón.

Rango de frecuencia cardiaca 6

Las carreras de esta zona las realizas en tu umbral aeróbico. Es probable que experimentes un cambio en tu respiración. Los beneficios de entrenar en este umbral son muy notables: estás desarrollando resistencia muscular y de velocidad e incrementando tu capacidad de realizar esfuerzos más rápidos y constantes manteniéndote en la modalidad aeróbica.

Este es un esfuerzo de frecuencia cardiaca de entrenamiento para carrera de 10 kilómetros.

Rango de frecuencia cardiaca 7

En este rango estás en tu nivel VO2max, ejercitando tus músculos para que utilicen un porcentaje mayor del oxígeno en la sangre (lo que mejora la eficiencia) y salvando la brecha entre sus capacidades aeróbicas y anaeróbicas (lo que favorece la resistencia de velocidad).

Este es un esfuerzo de frecuencia cardiaca de entrenamiento para carrera de 5 kilómetros.

Rangos de velocidad

Rango de velocidad 1

Esta es tu velocidad de resistencia a un paso de minutos por kilómetros. Las carreras en este rango te ayudan a mantener un paso constante para desarrollar la buena administración y la eficiencia.

Rango de velocidad 2

Las carreras de este rango ofrecen los mismos beneficios del rango de frecuencia cardiaca 4. Es el paso de entrenamiento para maratón en minutos por kilómetro.

Rango de velocidad 3

Las carreras de este rango ofrecen los mismos beneficios del rango de frecuencia cardiaca 5. Es el paso de entrenamiento para medio maratón en minutos por kilómetro.

Rango de velocidad 4

Las carreras de este rango ofrecen los mismos beneficios del rango de frecuencia cardiaca 6. Es el paso de entrenamiento para carrera de 10 kilómetros en minutos por kilómetro.

Rango de velocidad 5

Las carreras en este rango ofrecen los mismos beneficios del rango de frecuencia cardiaca 7. Es el paso de entrenamiento para carrera de 5 kilómetros en minutos por kilómetro.

Rango de velocidad 6

Las carreras de este rango siguen poniendo a prueba tu capacidad aeróbica VO2max en un paso de minutos por kilómetro, y ofrecen los mismo beneficios del rango de frecuencia cardiaca 7, pero con intervalos de menor duración. En términos de medición del esfuerzo, este rango es preferible al de frecuencia cardiaca 7.

Rango de velocidad 7

Utilizado para intervalos de velocidad, las carreras de este rango desarrollan la buena administración y se enfocan en tu capacidad anaeróbica a un paso de minutos por kilómetro. Tu esfuerzo aquí contribuirá a tu desarrollo neuromuscular.

Fase de ejecución

Ahora que conoces tus rangos de frecuencia cardiaca y de velocidad, y comprendes cuál es su propósito, podemos pasar al programa de entrenamiento de cinco meses. Ejecutarlo requiere de disciplina y conciencia, pero si perseveras, te sorprenderá el aumento en tu habilidad para correr bien por distancias más largas, más rápido y con más energía.

A continuación encontrarás algunos términos y abreviaturas que necesitas conocer para seguir el programa.

- ► CA = calentamiento
- ► EP = ejercicio principal
- ► ENF = enfriamiento
- ► ID = intervalo de descanso
- ► 10' = diez minutos
- ► 10" = diez segundos
- ► 15' en RFC 2 = quince minutos de carrera en el rango de frecuencia cardiaca 2
- ► 4-6 × 2' en RV 4 con ID 2' = de cuatro a seis carreas interválicas de dos minutos cada una en el rango de velocidad 4, con un intervalo de descanso de dos minutos entre cada una
- ► Los asteriscos indican días de práctica opcionales.

Día 1

CA 10' en RFC 1-2.

EP 20-45' de carrera uniforme en RFC 2 trabajando el ritmo. Realiza *sprints* relativamente rápidos cada 5' durante toda la carrera. Corre a una velocidad que sientas moderadamente rápida y regresa al RFC 2.

ENF 5' en RFC 1.

Día 2

CA 5-10' acelerando progresivamente al RFC 2.

EP 20-45' de carrera uniforme en RFC 2. Cuenta tu ritmo cada 5'. Determina cuántas veces toca el piso tu pie derecho en 15". Con la práctica deberás realizar 22-23 contactos en 15" .

ENF 5' en RFC 1.

Día 3

CA: 15' en RFC 1-3 + 4 × 30" acelerando progresivamente a velocidad moderadamente rápida al final de cada una, con ID 2'.

EP: 4-6 × 2' en RV 4 con ID 2'.

ENF 5' en RFC 1.

*Día 4

CA 5-10' acelerando progresivamente al RFC 2.

EP 20-45' de carrera uniforme en RFC 2. Cuenta tu ritmo cada 5'. Determina cuántas veces toca el piso tu pie derecho en 15". Con la práctica deberás realizar 22-23 contactos en 15" .

ENF 5' en RFC 1.

Día 5

CA 5' acelerando progresivamente al RFC 2.

EP 10'-40' de carrera uniforme en RFC 2, finalizando con 10' a velocidad constante en RFC 1.

ENF 5-10' en RFC 1-2.

Día 6

CA 5' acelerando progresivamente al RFC 2.

EP 30-65' de carrera uniforme en RFC 2. Cuenta tu ritmo cada 5'. La carrera de hoy deberá durar 10-15' más que tu carrera más larga en las últimas 2-3 semanas.

ENF 5' en RFC 1.

Día 7 DESCANSO

FASE 1 – SEMANA 2

Día 1

CA 5-10' acelerando progresivamente al RFC 2.

EP 10-35' de carrera uniforme en RFC 2. Termina la carrera con 6 *sprints* de 10" con ID 1-2' caminando. El objetivo es elevar la velocidad de estos *sprints* por encima del RV 7.

ENF 5' en RFC 1.

*Día 2

CA 5-10' acelerando progresivamente al RFC 2.

EP 20-45' de carrera uniforme en RFC 2. Cuenta tu ritmo cada 5'. Determina cuántas veces toca el piso tu pie derecho en 15". Con la práctica deberás realizar 22-23 contactos en 15".

ENF 5' en RFC 1.

Día 3

CA 15' en RFC 1-2 + 4 × 30" acelerando progresivamente la velocidad a moderadamente rápida al final ce cada una con ID 1'.

EP 3-4 × 2' ascensos en pendiente con un esfuerzo intenso y uniforme, pero no con el esfuerzo máximo. Corre a una velocidad que sientas moderadamente rápida con ID 2-3'. Termina con 3-4 × 2' en RV 4 sobre terreno llano con ID 2'.

ENF 5' en RFC 1.

---

*Día 4

CA 5' acelerando progresivamente al RFC 2.

EP 10-30' de carrera uniforme en RFC 2. Cuenta tu ritmo cada 5'.

ENF 5' en RFC 1.

Día 5

CA 15' aumentando lenta y progresivamente la frecuencia cardiaca hasta alcanzar RFC 3 al final.

EP 2-3 × 5' en RFC 3 con ID 2'. Termina la carrera con 5 *sprints* de 20" a velocidad moderadamente rápida con ID 1'.

ENF 5-10 en RFC 1-2.

Día 6

CA 5-10' acelerando progresivamente al RFC 2.

EP Carrera larga y uniforme en RFC 2. Cuenta tu ritmo cada 5'. 10-15' más prolongada que tu carrera larga de la semana anterior.

ENF   5' en RFC 1.

Día 7   DESCANSO

FASE 1 – SEMANA 3

Día 1

CA   10' en RFC 1-2.

EP   20-45' en RFC 2. Durante esta carrera realiza *sprints* de 10-20" a velocidad moderadamente rápida cada 5'. Corre a la velocidad que sientas moderadamente rápida y regresa al RFC 2.

ENF   5' en RFC 1.

---

*Día 2

CA   5-10' acelerando progresivamente al RFC 2.

EP   20-45' de carrera uniforme en RFC 2. Cuenta tu ritmo cada 5'. Determina cuántas veces toca el piso tu pie derecho en 15". Con la práctica deberás realizar 22-23 contactos en 15" .

ENF   5' en RFC 1.

Día 3

CA   15' en RFC 1-2 + 4 × 30" acelerando progresivamente a una velocidad moderadamente alta al final de cada una, con ID 1'.

EP   6-8 × 2' en RV 4 con ID 2'.

ENF   5' en RFC 1.

---

*Día 4

CA   5' en RFC 1.

EP Carrera corta de recuperación en RFC 1-2.

ENF 5' en RFC 1.

Día 5

CA 15' en RFC 1-2 + 4 × 30" aumentando progresivamente a velocidad moderadamente rápida al final de cada una, con ID 1'.

EP 3-5 × 1' en RV 6-7 con ID 1-2'. 3-5 *sprints* de 30" acelerando a una velocidad mayor al RV 7 al final de cada una, con ID 2'.

ENF 5' en RFC 1.

Día 6

CA 5-10' acelerando progresivamente al RFC 2.

EP Carrera larga y uniforme en RFC 2. Sé paciente y resiste el impulso de ir más rápido. 10-15' más prolongada que la carrera larga de la semana anterior.

ENF 5' en RFC 1.

Día 7 DESCANSO

FASE 1 – SEMANA 4

Día 1

CA 10' en RFC 1-2.

EP 15-30' de carrera uniforme en RFC 2. Cuenta tu ritmo cada 5'. Determina cuántas veces toca el piso tu pie derecho en 15". Con la práctica deberás realizar 22-23 contactos en 15".

ENF 5' en RFC 1.

*Día 2

CA   5' en RFC 1.

EP   Carrera corta de recuperación en RFC 1-2. Si sientes las piernas cansadas, este deberá ser un día de descanso; escucha a tu cuerpo.

ENF   5' en RFC 1.

Día 3

CA   15' en RFC 1-2 + 4 × 30" acelerando progresivamente a una velocidad moderadamente rápida al final de cada una, con ID 1'.

EP   15-30' de carrera uniforme en RV 1.

ENF   5' en RFC 1.

Día 4   DESCANSO

Día 5

CA   10' en RFC 1-2

EP   15-30' de carrera uniforme en RFC 2, trabajando el ritmo y la forma.

ENF   5' en RFC 1.

Día 6

CA   5-10' acelerando progresivamente al RFC 2.

EP   Carrera larga y uniforme en RFC 2. No incrementes este día la duración de la carrera. Conserva la duración de la carrera larga de la semana 2.

ENF   5' en RFC 1.

Día 7   DESCANSO

Día 1

CA 15' en RFC 1-3 + 4 × 30" acelerando progresivamente a una velocidad moderadamente rápida al final de cada una, con ID 1'.

EP 3 × 5' en RFC 5 con ID 2'.

ENF 5' en RFC 1.

Día 2

CA 15' en RFC 1-3 + 4 × 30" acelerando progresivamente a una velocidad moderadamente rápida al final de cada una, con ID 1'.

EP 5-8 *sprints* rápidos de 10" con ID 1-2'. Corre a una velocidad que sientas rápida pero divertida; si sientes aprensión, estás corriendo demasiado rápido.

ENF 5' en AF

*Día 3

CA 5-10' acelerando progresivamente a RFC 2.

EP 15-40' de carrera uniforme en RFC 2. Cuenta tu ritmo cada 5'.

ENF 5' en RFC 1.

Día 4

CA 15' en RFC 1-2 + 4 × 30" acelerando progresivamente a una velocidad moderadamente rápida al final de cada una, con ID 1'.

EP 5-8 × 60-90" ascensos en pendiente con un esfuerzo intenso y uniforme, pero no con el esfuerzo máximo. Corre a una velocidad que sientas moderadamente rápida, con ID 2-3'.

ENF 5' en RFC 1.

*Día 5

CA 5-10' acelerando progresivamente al RFC 2.

EP 10-20' de carrera uniforme en RFC 3.

ENF 5' en RFC 1.

Día 6

CA 5-10' acelerando progresivamente al RFC 2.

EP Carrera larga y uniforme en RFC 2 trabajando en el ritmo. Haz esta carrera 15' más prolongada que la carrera larga de la semana 3.

ENF 5' en RFC 1.

Día 7 DESCANSO

FASE 1 – SEMANA 6

Día 1

CA 5-10' acelerando progresivamente al RFC 2.

EP 20-45' de carrera uniforme en RFC 2. Cuenta tu ritmo cada 5'. Determina cuántas veces toca el piso tu pie derecho en 15". Con la práctica deberás realizar 22-23 contactos en 15" .

ENF 5' en RFC 1.

Día 2

CA 15' en RFC 1-3 + 4 × 30" acelerando progresivamente a una velocidad moderadamente rápida al final de cada una, con ID 1'.

EP 4 × 5' en RFC 5 con ID 2'.

ENF 5' en RFC 1.

*Día 3

CA 5' en RFC 1.

EP Carrera corta de recuperación en RFC 1-2. Si sientes las piernas cansadas, este debe ser un día de descanso; escucha a tu cuerpo.

ENF 5' en RFC 1.

Día 4

CA 15' en RFC 1-3 + 4 × 30" acelerando progresivamente a una velocidad moderadamente rápida al final de cada una, con ID 1'.

EP 4-5 × 10" *sprints* rápidos con ID 1-2'. Corre a una velocidad que sientas rápida. 4-6 × 1' en RV 7 con ID 2'.

ENF 5' en RFC 1.

---

*Día 5

CA 5-10' acelerando progresivamente al RFC 2.

EP 10-30' de carrera uniforme en RFC 2. Cuenta tu ritmo cada 5'.

ENF 5' en RFC 1.

Día 6

CA 5-10' acelerando progresivamente al RFC 2.

EP Carrera larga y uniforme en RFC 2, y los últimos 15-30' en RFC 3. Haz esta carrera 15' más prolongada que la carrera larga de la semana 5.

ENF 5' en RFC 1.

Día 7 DESCANSO

*Día 1

CA   5-10' acelerando progresivamente al RFC 2.

EP   20-45' de carrera uniforme en RFC 2. Cuenta tu ritmo cada 5'. Determina cuántas veces toca el piso tu pie derecho en 15". Con la práctica deberás realizar 22-23 contactos en 15".

ENF   5' en RFC 1.

Día 2

CA   10' en RFC 1-2.

EP   20-45' de carrera uniforme en RFC 2 trabajando en el ritmo. Realiza un *sprint* moderadamente rápido de 10-20" cada 5' a lo largo de la carrera. Corre a una velocidad que sientas moderadamente rápida y regresa al RFC 2.

ENF   5' en RFC 1.

Día 3

CA   15' en RFC 1-3 + 4 × 30" acelerando progresivamente a una velocidad moderadamente rápida al final de cada una, con ID 1'.

EP   4-6 × 3' en RV 4 con ID 2'.

ENF   5' en RFC 1.

---

*Día 4

CA   5-10' acelerando progresivamente al RFC 2.

EP   15-40' de carrera uniforme en RFC 2. Cuenta tu ritmo cada 5'.

ENF   5' en RFC 1.

Día 5

CA 15' en RFC 1-2 + 4 × 30" acelerando progresivamente a una velocidad moderadamente rápida al final de cada una, con ID 1'.

EP 6-10 × 60-90" ascensos en pendiente con un esfuerzo intenso y uniforme, pero no con el esfuerzo máximo. Corre a una velocidad que sientas moderadamente rápida con ID 2-3'.

ENF 5' en RFC 1.

Día 6

CA 5-10' acelerando progresivamente al RFC 2.

EP Carrera larga en RFC 2-3. Alterna la intensidad del esfuerzo según sientas oportuno. Haz esta carrera 15' más prolongada que la de la semana 6, o no mayor a 3 horas.

ENF 5' en RFC 1.

Día 7 DESCANSO

FASE 1 – SEMANA 8

*Día 1

CA 5-10' acelerando progresivamente al RFC 2.

EP 15-30' de carrera uniforme en RFC 2. Cuenta tu ritmo cada 5'.

ENF 5' en RFC 1.

Día 2 DESCANSO

Día 3

CA 5-10' acelerando progresivamente al RFC 2.

EP 20-45' en RFC 2-3, alternando según sientas oportuno.

ENF 5' en RFC 1.

Día 4

CA 5-10' acelerando progresivamente al RFC 2.

EP 20-40' en RV 1.

ENF 5' en RFC 1.

Día 5 DESCANSO

Día 6

CA 5-10' acelerando progresivamente al RFC 2.

EP Carrera larga y uniforme en RFC 2. No aumentes la duración de la carrera este día: mantén la de la carrera larga de la semana 5.

ENF 5' en RFC 1.

Día 7 DESCANSO

FASE 1 – SEMANA 9

Día 1:

CA: 15' en RFC 1-3 + 4 × 30" acelerando progresivamente a una velocidad moderadamente rápida al final de cada una, con ID 1'.

EP 3-4 × 8' uniformes en RFC 5, con ID 3'.

ENF 5' en RFC 1.

*Día 2

CA 5-10' acelerando progresivamente al RFC 2.

EP 15-40' de carrera uniforme en RFC 2.

ENF 5' en RFC 1.

Día 3

CA 5-10' acelerando progresivamente al RFC 2.

EP RFC 2-3. Termina con 5-6 *sprints* de 10" sobre terreno plano o en pendiente, alternados, con ID 1'.

ENF 5' en RFC 1.

Día 4

CA 15' en RFC 1-3 + 4 × 30" acelerando progresivamente a una velocidad moderadamente rápida al final de cada una, con ID 3'.

EP 4-6 × 4' en RV 4, con ID 3'.

ENF 5' en RFC 1.

---

*Día 5

CA 5-10' acelerando progresivamente al RFC 2.

EP Carrera de recuperación en RFC 1-2 o día de DESCANSO

ENF 5' en RFC 1.

Día 6

CA 5-10' acelerando progresivamente al RFC 2.

EP Carrera larga en RFC 2-3. Haz esta carrera 10-15' más prolongada que la de la semana 7, o no mayor a 3 horas.

ENF 5' en RFC 1.

Día 7 DESCANSO

FASE 1 – SEMANA 10

Día 1

CA 5-10' acelerando progresivamente al RFC 2.

EP 15-40' en RFC 2-3.

ENF 5' en RFC 1.

Día 2

CA 15' en RFC 1-3 + 4 × 30" acelerando progresivamente a una velocidad moderadamente rápida al final de cada una, con ID 1'.

EP 4 × 5' en RFC 5-6 con ID 3'.

ENF 5' en RFC 1.

---

*Día 3

CA 5-10' acelerando progresivamente al RFC 2.

EP 15-40' de carrera uniforme en RFC 2.

ENF 5' en RFC 1.

Día 4

CA 15' en RFC 1-2 + 4 × 30" acelerando progresivamente a una velocidad moderadamente rápida al final de cada una, con ID 1'.

EP   4-5 × 2' ascensos en pendiente con un esfuerzo intenso y uniforme. Corre con base en cómo te sientas, no en tu frecuencia cardiaca, y que los descensos sean tus ID. 3-5 × 1' en RV 6-7 con ID 1-2'.

ENF   5' en RFC 1.

*Día 5

CA   5-10' acelerando progresivamente al RFC 2.

EP   Carrera corta de recuperación en RFC 1-2, o día de DESCANSO.

ENF   5' en RFC 1.

Día 6

CA   5-10' acelerando progresivamente al RFC 2.

EP   Carrera larga en RFC 2-3, con los últimos 10-20' en RFC 4-5. Haz esta carrera de la misma duración que la de la semana 9.

ENF   5' en RFC 1.

Día 7   DESCANSO

FASE 1 – SEMANA 11

Día 1

CA   5-10' acelerando progresivamente al RFC 2.

EP   15-40' de carrera uniforme en RFC 2.

ENF   5' en RFC 1.

*Día 2

CA   5-10' acelerando progresivamente al RFC 2.

EP 15-40' de carrera uniforme en RFC 2.

ENF 5' en RFC 1.

Día 3

CA 15' en RFC 1-2 + 4 × 30" acelerando progresivamente a una velocidad moderadamente rápida al final de cada una, con ID 1'.

EP 4-6 × 4' en RV 4 con ID 3'.

ENF 5' en RFC 1.

---

*Día 4

CA 5-10' acelerando progresivamente al RFC 2.

EP Carrera corta de recuperación en RFC 1-2 o día de DES-CANSO.

ENF 5' en RFC 1.

Día 5

CA 15-30' en RFC 1-3 + 4 × 30" acelerando progresivamente a una velocidad moderadamente rápida al final de cada una, con ID 1'.

EP 6-8 *sprints* de 15-20" con ID 2'.

ENF 5' en RFC 1.

Día 6

CA 5-10' acelerando progresivamente al RFC 2.

EP Carrera larga en RFC 2-3 con *sprints* moderadamente rápidos cada 8-10'. Haz esta carrera 15' más prolongada que la de la semana 9 o no mayor a 3 horas.

ENF 5' en RFC 1.

Día 7   DESCANSO

FASE 1 – SEMANA 12

Día 1: DESCANSO

Día 2

CA 20-25' en RFC 1-3 + 4 × 30" acelerando progresivamente a una velocidad moderadamente rápida al final de cada cuna, con ID 1'.

TEST En una pista de carreras, realiza el test de un kilómetro que hiciste al principio del programa. Haz los ajustes necesarios en los rangos de entrenamiento antes de iniciar la Fase 2.

ENF 5' en RFC 1.

*Día 3

CA 5-10' acelerando progresivamente al RFC 2.

EP Carrera corta de recuperación en RFC 1-2 o día de DESCANSO.

ENF 5' en RFC 1.

*Día 4

CA 5-10' acelerando progresivamente al RFC 2.

EP 15-30' de carrera uniforme en RFC 2.

ENF 5' en RFC 1.

Día 5

CA 15' en RFC 1-3 + 4 × 30" acelerando progresivamente a una velocidad moderadamente rápida al final de cada una, con ID 1'.

TEST En una pista de carreras, realiza el test de 20 minutos y haz los ajustes necesarios en los rangos de entrenamiento antes de iniciar la Fase 2.

ENF   5' en RFC 1.

Día 6

  CA   5-10' acelerando progresivamente al RFC 2.

  EP   RFC 2-3 según lo sientas adecuado. Haz esta carrera 50-60 por ciento más corta que tu carrera más larga de la Fase 1.

  ENF   5' en RFC 1.

Día 7   DESCANSO

FASE 2 – SEMANA 1

*Día 1:

  CA: 10' en RFC 1-2.

  EP   20-45' de carrera uniforme en RFC 2.

  ENF   5' en RFC 1.

Día 2

  CA   15' en RFC 1-3 + 4 × 30" acelerando progresivamente a una velocidad moderadamente rápida al final de cada una, con ID 1'.

  EP   3-5 × 3' en RV 6 con ID 3'.

  ENF   5' en RFC 1.

---

*Día 3

  CA   5' en RFC 1.

  EP   Carrera corta de recuperación en RFC 1-2 o día de DESCANSO.

  ENF   5' en RFC 1.

Día 4

CA 10' en RFC 1-2.

EP 15-40' de carrera uniforme en RFC 2. Termina con 5-8 *sprints* de 10" con ID 1'.

ENF 5' en RFC 1.

Día 5

CA 15' en RFC 1-3 + 4 × 30" acelerando progresivamente a una velocidad moderadamente rápida al final de cada una, con ID 1'.

EP 20-30' en RFC 5. Mantén la mayor uniformidad posible.

ENF 5' en RFC 1.

Día 6

CA 15' en RFC 1-2.

EP Carrera moderadamente larga en RFC 2-3. Mantente el mayor tiempo posible en RFC 3. Esta carrera no debe ser más prolongada que 60-70 por ciento de tu carrera más larga de la Fase 1.

ENF 5' en RFC 1.

Día 7 DESCANSO

FASE 2 – SEMANA 2

Día 1

CA 10' en RFC 1-2

EP 20-45' de carrera uniforme en RFC 2.

ENF 5' en RFC 1.

*Día 2

CA   10' en RFC 1-2

EP   20-45' de carrera uniforme en RFC 2.

ENF 5' en RFC 1.

Día 3

CA   15' en RFC 1-3 + 4 × 30" acelerando progresivamente a una velocidad moderadamente rápida al final de cada una, con ID 1'.

EP   4-5 × 4' en RV 5 con ID 4'.

ENF 5' en RFC 1.

---

*Día 4

CA   5' en RFC 1.

EP   Carrera corta de recuperación en RFC 1-2 o día de DES-CANSO.

ENF 5' en RFC 1.

Día 5

CA   10' en RFC 1-2.

EP   15-30' de carrera uniforme en RV 2.

ENF 5' en RFC 1.

Día 6

CA   30' en RFC 1-3.

EP   20-40' de carrera en terreno montañoso en RFC 3-5, dependiendo del terreno. No es una carrera larga; no debe exceder 60-70 por ciento de la carrera más larga de la Fase 1. Completa el tiempo total asignado para este día en RFC 2-3.

ENF 5' en RFC 1.

Día 7   DESCANSO

FASE 2 – SEMANA 3

Día 1

- **CA**   10' en RFC 1-2.
- **EP**   20-45' de carrera uniforme en RFC 2.
- **ENF**   5' en RFC 1.

Día 2

- **CA**   15' en RFC 1-3 + 4 × 30" acelerando progresivamente a una velocidad moderadamente rápida al final de cada una, con ID 1'.
- **EP**   5-8 × 2' en RV 7 con ID 2'.
- **ENF**   5' en RFC 1.

---

*Día 3

- **CA**   5' en RFC 1.
- **EP**   Carrera corta de recuperación en RFC 1-2 o días de DESCANSO.
- **ENF**   5' en RFC 1.

Día 4

- **CA**   15' en RFC 1-3 + 4 × 30" acelerando progresivamente a una velocidad moderadamente rápida al final de cada una, con ID 1'.
- **EP**   2-4 × 6-8' en RFC 6 con ID 3'. Incrementa progresivamente tu frecuencia cardiaca durante los primeros dos minutos y luego mantenla estable.
- **ENF**   5' en RFC 1.

*Día 5

    CA   10' en RFC 1-2.

    EP   20-40' de carrera uniforme en RV 1.

    ENF 5' en RFC 1.

Día 6

    CA   30' en RFC 1-3.

    EP   5 × 1' carreras rápidas en pendiente con ID 2-3'. Corre a una velocidad que sientas rápida. Mantén la velocidad constante en cada una. Luego permanece un tiempo en RFC 2-5 sobre terreno montañoso y termina con 5 × 1' carreras rápidas en pendiente con ID 2-3'. Esta carrera no debe ser más prolongada que 60-70 por ciento de tu carrera más larga de la Fase 1.

    ENF 5' en RFC 1.

Día 7   DESCANSO

FASE 2 – SEMANA 4

Día 1

    CA   10' en RFC 1-2.

    EP   20-45' de carrera uniforme en RFC 2.

    ENF 5' en RFC 1.

Día 2   DESCANSO

---

*Día 3

    CA   10' en RFC 1-2.

EP 20-40' en RFC 2-3.

ENF 5' en RFC 1.

Día 4

CA 10' en RFC 1-2.

EP 20-40' de carrera uniforme en RV 1.

ENF 5' en RFC 1.

Día 5 DESCANSO

Día 6

CA 30' en RFC 1-3.

EP 30-40' de carrera en terreno montañoso en RFC 3-5, dependiendo del terreno. No es una carrera prolongada; no debe ser mayor al 50 por ciento de tu carrera más larga de la Fase 1.

ENF 5' en RFC 1.

Día 7 DESCANSO

FASE 2 – SEMANA 5

Día 1

CA 10' en RFC 1-2.

EP 20-45 de carrera uniforme en RV 1.

ENF 5' en RFC 1.

---

*Día 2

CA 10' en RFC 1-2.

EP   20-40' en RFC 2-3.

ENF   5' en RFC 1.

Día 3

CA   15' en RFC 1-3 + 4 × 30" acelerando progresivamente a una velocidad moderadamente rápida el final de cada una, con ID 1'.

EP   4-6 × 3' en RV 6 con ID 3'.

ENF   5' en RFC 1.

*Día 4

CA   5' en RFC 1.

EP   Carrera corta de recuperación en RFC 1-2, o día de DESCANSO.

ENF   5' en RFC 1.

Día 5

CA   15' en RFC 1-3 + 4 × 30" acelerando progresivamente a una velocidad moderadamente rápida al final de cada una, con ID 1'.

EP   20-40' en RFC 5. Mantén la mayor uniformidad posible.

ENF   5' en RFC 1.

Día 6

CA   20-30' en RFC 1-3.

EP   20-40' de carrera sobre terreno montañoso en RFC 3-5, dependiendo del terreno. No es una carrera prolongada; no debe ser mayor a 60-70 por ciento de tu carrera más larga de la Fase 1. Completa el tiempo total asignado para este día en RFC 2-3.

ENF   5' en RFC 1.

Día 7   DESCANSO

FASE 2 – SEMANA 6

Día 1
CA   10' en RFC 1-2.

EP   20-40' en RFC 2.

ENF   5' en RFC 1.

Día 2
CA   15' en RFC 1-3 + 4 × 30" acelerando progresivamente a una velocidad moderadamente rápida al final de cada una, con ID 1'.

EP   5-6 × 4' en RV 5 con ID 4'.

ENF   5' en RFC 1.

---

*Día 3
CA   5' en RFC 1.

EP   Carrera corta de recuperación en RFC 1-2, o día de DESCANSO.

ENF   5' en RFC 1.

Día 4
CA   15' en RFC 1-3 + 4 × 30" acelerando progresivamente a una velocidad moderadamente rápida al final de cada una, con ID 1'.

EP   10-20' de carrera uniforme en RFC 6.

ENF   5' en RFC 1.

*Día 5

    CA   5' en RFC 1.

    EP   Carrera corta de recuperación en RFC 1-2, o día de DESCANSO.

    ENF 5' en RFC 1.

Día 6

    CA   30' en RFC 1-3.

    EP   40-60' de carrera sobre terreno montañoso. Procura hacer los ascensos en RFC 4-6 y los descensos y tramos planos en RFC 1-3. No es una carrera prolongada; no debe ser mayor a 60-70 por ciento de tu carrera más larga de la Fase 1.

    ENF 5' en RFC 1.

Día 7   DESCANSO

FASE 2 – SEMANA 7

*Día 1

    CA   10' en RFC 1-2.

    EP   20-40' de carrera en RFC 2.

    ENF 5' en RFC 1.

Día 2

    CA   15' en RFC 1-3 + 4 × 30" acelerando progresivamente a una velocidad moderadamente rápida al final de cada una, con ID 1'.

    EP   6-10 × 2' en RV 7 con ID 2'.

ENF 5' en RFC 1.

---

*Día 3

CA 5' en RFC 1.

EP Carrera corta de recuperación en RFC 1-2, o día de DESCANSO.

ENF 5' en RFC 1.

Día 4

CA 15' en RFC 1-3 + 4 × 30" acelerando progresivamente a una velocidad moderadamente rápida al final de cada una, con ID 1'.

EP 10-20' de carrera uniforme en RFC 6.

ENF 5' en RFC 1.

Día 5

CA 5' en RFC 1.

EP Carrera corta de recuperación en RFC 1-2.

ENF 5' en RFC 1.

Día 6

CA 30' en RFC 1-3.

EP 40-60' de carrera sobre terreno montañoso. Procura hacer los ascensos en RFC 4-6 y los descensos y tramos planos en RFC 1-3. No es una carrera prolongada; no debe ser mayor a 60-70 por ciento de tu carrera más larga de la Fase 1.

ENF 5' en RFC 1.

Día 7 DESCANSO

FASE 2 – SEMANA 8

Día 1

CA 5' en RFC 1.

EP Carrera corta de recuperación en RFC 1-2.

ENF 5' en RFC 1.

Día 2 DESCANSO

Día 3

CA 10' en RFC 1-2.

EP 20-40' de carrera en RFC 2.

ENF 5' en RFC 1.

Día 4

CA 10' en RFC 1-2.

EP 20-40' en RFC 2.

ENF 5' en RFC 1.

Día 5 DESCANSO

Día 6

CA 30' en RFC 1-3.

EP 30-40' de carrera sobre terreno montañoso en RFC 3-5. Procura mantenerte en ese rango sea cual sea el tipo de terreno. No es una carrera prolongada; no debe ser mayor a 50-60 por ciento de tu carrera más larga de la Fase 1.

ENF 5' en RFC 1.

Día 7 DESCANSO

FASE 2 – SEMANA 9   SEMANA OPCIONAL DE TESTS

Día 1: DESCANSO

Día 2

CA 20-25' en RFC 1-3 + 4 × 30" acelerando progresivamen-te a una velocidad moderadamente rápida al final de cada una, con ID 1'.

TEST En una pista de carreras, realiza el test de un kilómetro que hiciste al principio del programa.

ENF 5' en RFC 1.

*Día 3

CA 5' en RFC 1.

EP Carrera corta de recuperación en RFC 1-2.

ENF 5' en RFC 1.

Día 4

CA 10' en RFC 1-2.

EP 15-20' de carrera en RFC 2.

ENF 5' en RFC 1.

Día 5

CA 15' en RFC 1-3 + 4 × 30" acelerando progresivamente a una velocidad moderadamente rápida al final de cada una, con ID 1'.

TEST En una pista de carreras, realiza el test 2 (carrera de 20 minutos) y haz los ajustes necesarios en los rangos de entrenamiento.

ENF 5' en RFC 1.

DÍA 6

CA 5-10' acelerando progresivamente al RFC 2.

EP RFC 2-3 según lo sientas adecuado. Esta carrera debe ser 50 por ciento más corta que tu carrera más larga de la Fase 1.

ENF 5' en RFC 1.

DÍA 7 DESCANSO

Consejos para la autorregulación

Recuerda, gracias al trabajo con los rangos específicos, el programa está personalizado a tu condición y capacidad actuales. No obstante, sería muy complicado diseñar un programa con tiempos, intensidades, distancias y frecuencia de ejercicios para cada corredor, ya sea principiante o experimentado. Es posible que simplemente no estés listo para empezar a entrenar seis días a la semana. Probablemente el tiempo total de 45 minutos de carrera en ese primer día sea demasiado corto si eres veterano, o demasiado largo si eres principiante. Tal vez quieras agregar días de entrenamiento conforme vas avanzando.

Todo lo anterior no solo es aceptable sino indispensable. Debes escuchar a tu cuerpo y ser objetivo respecto de tus capacidades para seguir un programa personalizado. Conforme vayas avanzando comprobarás de qué eres capaz y adoptarás una frecuencia e intensidad de carreras diarias y semanales que serán las adecuadas para ti y que dependerán de tu capacidad y de la cantidad de tiempo que tienes para entrenar. Conforme avances en el programa de cinco meses tus capacidades cambiarán. Cuando lo hagan podrás agregar más carreras y hacerlas más largas. Enseguida encontrarás algunos consejos que te ayudarán a seguir el programa. Tú eres el único que conoce tu cuerpo y tus antecedentes. Solo tú sabes lo que requieres para llevar a cabo tu hazaña increíble. Toma en cuenta todo eso, practica la conciencia y entrena en consecuencia.

1. Calentamiento. Incluye siempre que puedas algunos ejercicios para promover la conciencia de la forma así como ejercicios en la tabla inclinada y el disco de equilibrio como parte del calentamiento señalado en el programa elemental. Esto te ayudará a activar los músculos y a que tu práctica de fuerza para el pie sea consistente a lo largo de la semana. Ejercítate un día con la tabla inclinada y otro con el disco de equilibrio. Puedes hacer lo anterior antes de cada carrera pero no debes sustituir el entrenamiento de fuerza para piernas en los días en que tengas tiempo.

2. Carrera uniforme. En el primer día te pido que empieces con una carrera uniforme de 20 a 45 minutos (para un total diario, considerando calentamiento y enfriamiento, de 35 a 60 minutos). Si eres principiante y no tienes mucha experiencia en distancias largas, tal vez prefieras iniciar esta carrera uniforme con 15 o 20 minutos (para un total de 20 a 35 minutos). Si eres un corredor experimentado tal vez quieras empezar tu carrera uniforme con 45 a 60 minutos (para un tiempo total de 60 a 75 minutos). Conforme avances en el programa tal vez puedas correr por periodos más largos. Presta atención a tu cuerpo y ajusta tu nivel de esfuerzo.

3. Número de carreras. En el día tres se señala un rango del número de carreras que pueden ejecutarse. Los principiantes deberán empezar por el número menor, y los corredores más experimentados pueden hacerlo por el mayor. Escucha a tu cuerpo y usa tu conciencia.

4. Entrenar o no entrenar seis días a la semana (a solución de los asteriscos). Si eres un corredor experimentado probablemente estés familiarizado con la idea de correr seis días a la semana, pero si eres principiante es posible que palidezcas al revisar la primera semana del programa y ver seis días de carrera con uno de descanso. La realidad es que si eres principiante probablemente no tendrás la fuerza ni la resistencia necesarias para completar esa cantidad de carreras. Si es tu caso, no intentes empezar ahí: considéralo un objetivo para más adelante. Empieza con tres o cuatro días a la semana. Conforme vayas adquiriendo fuerza incrementa el número de carreras por semana según lo sientas adecuado. Para ayudarte a ajustar el programa de entrenamiento a tus necesidades personales coloqué asteriscos para señalar días de práctica opcionales que pueden eliminarse. Cuando te sientas listo reintegra estos días al programa. Hagas lo que hagas, sigue fielmente la secuencia semanal, los intervalos entre sesiones y las intensidades señaladas.

5. Intervalos de descanso. Descansa lo suficiente para poder realizar tu siguiente carrera. Usa siempre el tiempo de recuperación, que es tan importante como el ejercicio mismo. En lo que se refiere al descanso, más vale que sobre y no que falte. Como regla general, a mayor intensidad de la carrera, más relajado deberá ser tu intervalo de descanso. Después de las carreras más intensas el intervalo de descanso deberá ser de caminata o una mezcla de caminata y carrera relajada. Después de las carreras menos intensas, corre a un paso lento y relajado, de manera que tu frecuencia cardiaca descienda al rango 1 o 2.

6. Respiración. Cuando realices carreras relajadas te sugiero que utilices un patrón de respiración de una inhalación y una exhalación. Cuando tu esfuerzo se intensifique y llegues a un umbral, te recomiendo que adoptes un patrón de dos inhalaciones y una exhalación. Cuando hayas alcanzado el máximo esfuerzo o estés cerca de hacerlo, intenta dos inhalaciones y dos exhalaciones. Como siempre, experimenta para ver qué funciona mejor para ti.

7. Días de entrenamiento perdidos. Mi regla general es que si pierdes uno o dos días de entrenamiento por cualquier razón, desde enfermedad hasta estado del tiempo, sáltalo y sigue con el programa sin tratar de recuperarlo o hacer modificaciones en la programación. Si pierdes de tres a cuatro días o tu semana se interrumpe completamente, traslada la semana entera del programa a la semana siguiente y continúa.

8. Corredores de montaña. Los corredores que realizan sus carreras largas de los RFC 2 a 3 en montaña deben saber que será difícil mantener una frecuencia cardiaca constante en terrenos con pendientes. El esfuerzo es muy intenso en los ascensos y no lo suficiente en los descensos. En estas carreras en montaña pueden ampliar el RFC al 5, lo que los mantendrá en la modalidad aeróbica pero no estarán ejercitándose de manera ideal en lo que se refiere a estos RFC. Procura reducir el esfuerzo en los ascensos o incluso

realizarlos con una caminata enérgica. Si la mayor parte de tu entrenamiento la realizas en montaña, te desafío a que uses la carretera y realices algunas carreras en terreno llano para fomentar la velocidad de tus piernas, la buena administración y la resistencia aeróbica. Durante la fase uno, sé flexible y realiza algunas de tus carreras largas para la quema de grasa en carreteras y en senderos sencillos para obtener el beneficio máximo. Usa tus senderos con desnivel para los ejercicios que exigen un RFC más alto.

Medición de la frecuencia cardiaca

Con tu flamante monitor de frecuencia cardiaca serás capaz de medir cómo reacciona tu cuerpo a los ejercicios. Atiende estas lecturas: son una herramienta para la toma de conciencia. Presta atención a los siguientes aspectos durante la realización del programa.

- ► Si tu frecuencia cardiaca es más baja de lo normal y sientes que tu esfuerzo es inusualmente alto, es probable que tus piernas estén cansadas y necesiten descanso. Reduce la intensidad o tómate el día de descanso.
- ► Si tu frecuencia cardiaca es más baja de lo normal e incluso con un esfuerzo intenso no logras elevarla, es probable que andes bajo de combustible. Come algo y ve si eso ayuda.
- ► El calor extremo afecta la frecuencia cardiaca y la velocidad. Haz los ajustes necesarios en tus carreras. Baja la velocidad y la intensidad o solo ten presente que tu frecuencia cardiaca será más alta de lo normal con un esfuerzo menor.
- ► El frío extremo también afecta la frecuencia cardiaca, reduciéndola aproximadamente de 5 a 7 latidos respecto de tu promedio. No te fuerces para incrementarla. Es normal que sea menor en temperaturas más bajas.

► Mide tu frecuencia cardiaca en reposo cada semana por las mañanas. Al despertar y antes de que te levantes, mídela durante 2 a 5 minutos. Mientras más baja sea, mejor. Ve si hay alguna mejoría durante el tiempo que sigues el programa.

Conciencia de los cimientos

Seguimos corriendo alrededor del lago Phelps y ya sabes todo lo que necesitas acerca de la cimentación estratégica del corredor. Ya te expliqué el programa y estás listo para comenzar.

Echa un último vistazo a esas aguas azules y cristalinas y volvamos al inicio del sendero. Espera. Mira a la izquierda. ¿Lo ves, entre los árboles? Un cachorro de oso negro. Simpático, ¿no? Es mejor que nos alejemos a paso redoblado. Mamá oso no debe estar muy lejos, aunque tenemos suerte de que no sea un cachorro de oso *grizzly*. Si lo fuera, tu corazón en verdad estaría latiendo a toda marcha. Sigue caminando. Quiero darte un último consejo.

Cuando estés en mitad del programa de entrenamiento quiero que tomes conciencia de cómo se siente tu cuerpo, de cuándo tus músculos y tu respiración trabajan con intensidad o están relajados, de qué sientes al estar en cada uno de los rangos. Sé consciente siempre de cómo reacciona tu cuerpo a cada paso del camino.

Tal vez seas de las personas a quienes les gusta que su mente divague cuando corren. Escuchar música y simplemente dejarse ir. Y está bien. Puedes ensoñar y dejarte ir, pero eso no significa que no puedas ser consciente de cómo te sientes. De hecho, me gustaría que descubrieras que también se siente una gran libertad cuando te concentras en tu cuerpo y monitoreas tu respiración frecuencia cardiaca, ritmo, forma y la cantidad de energía restante en tus piernas. Esta conciencia es la verdadera naturaleza del atletismo. Te ayudará a seguir tu propio programa, diciéndote cuándo esforzarte, cuándo no hacerlo, con cuánta intensidad, por cuánto tiempo. Te ayudará a solucionar molestias, dolores y grados de cansancio. Cuando participes en carreras, esta conciencia rendirá frutos. Sabrás cómo establecer el paso más adecuado y cuánta energía te resta conforme te acerques a la línea de meta.

Por último, mantenerte consciente a todo lo largo del programa de entrenamiento te proporcionará una confianza y un conocimiento de tu cuerpo tales que ningún deseo, ninguna hazaña increíble, estará fuera de tu alcance. Sabrás cuán bueno eres y cuán bueno puedes llegar a ser.

6

COME BIEN, CORRE BIEN

VAMOS A ALMORZAR en el Café Lotus, uno de mis favoritos. Es un paraíso de comida orgánica en esta ciudad montañesa, y es sin duda representativo de lo que significa Jackson Hole.

Te ves bien descansado. Te cayó bien tomarte la mañana libre, dormir hasta tarde y relajarte, ¿cierto? Recuerda, la manera en que tratamos a nuestro cuerpo es tan importante cuando entrenamos como cuando no. Un ejemplo perfecto son los alimentos que tomamos. Un dicho conocido por todos es el de «todo con moderación», pero a mi manera de ver, un consejo como ese solo nos conduce a ser como todos los demás. Ser la mejor persona que uno puede ser es cuestión de elecciones, y tomar buenas decisiones alimentarias de manera consistente es uno de los factores que permiten lograr un desempeño extraordinario.

Los tarahumaras tienen una buena nutrición y podemos aprender mucho de ellos. Durante mi primer día con esos corredores, cuando iniciamos el recorrido en el sendero de 48 kilómetros rumbo a Urique, me pareció que los tarahumaras no llevaban comida, y ciertamente no cargaban mochilas de hidratantes. Así marcharon firmes, incansables, ascendiendo los barrancos, kilómetro tras kilómetro. A mitad del camino, o un poco más, Manuel, que iba guiándonos, se detuvo a descansar. Mis compañeros estadounidenses y yo habíamos estado masticando barras energéticas, sorbiendo agua por los tubos conectados a nuestras mochilas y comiendo otras provisiones que llevábamos. Los tarahumaras no habían comido nada.

En cierto momento, Manuel volteó a vernos y sonrió. Luego sacó de su taparrabos una bolsa de pinole —maíz tostado y molido que forma una pasta rica en nutrientes— y tortillas de maíz hechas a mano. Era como un mago sacando un conejo de un sombrero. Sentado en la cresta de una montaña que dominaba toda la barranca, preparó rápidamente y sin complicaciones un bocadillo energético rico en carbohidratos que resultó un complemento perfecto para la carrera de ese día. Todos los presentes, incluyéndome, lo observábamos discretamente a cada mordida que daba.

Maíz, frijoles, nueces, calabacitas, chiles, frutas silvestres, semillas de chía, y esporádicamente carne de chivo, pollo o pescado: estos son los pilares de la dieta tarahumara. No necesitan nada más para lograr sus increíbles hazañas de resistencia, y a mi manera de ver, esta dieta influye directamente en su desempeño.

¿Significa esto que debemos comer lo mismo que ellos? No exactamente. Creo que su dieta es un buen ejemplo pero de ninguna manera creo que todos debamos adoptarla. Un pensamiento revolucionario, ¿cierto? En realidad no. Seguir una buena dieta es algo simple. Durante siglos los tarahumara han consumido una dieta sencilla y de poca diversidad en la Barranca del Cobre, baja en azúcar y colesterol y alta en fibra, carbohidratos complejos, vitaminas y otros nutrientes.

En lo que se refiere a la diversidad de su alimentación, sería preferible que todos viviéramos en una barranca, alejados de la civilización, donde comiéramos solo lo que nosotros mismos cultiváramos y recolectáramos. Por el contrario, vivimos en una sociedad que ofrece una variedad inmensa de comidas, en su mayor parte basura procesada en exceso, azucarada en exceso y servida en exceso.

¿Fue mi imaginación, o acabo de dar un puñetazo en la mesa?

Nosotros tenemos la capacidad de elegir qué comer. Ya sabemos lo que es mejor para nosotros: alimentos simples, naturales y abundantes en nutrientes. El reto está en elegir esto para comer, volverlo un hábito, y apegarse a esa elección. Es cuestión de disciplina, concentración, conciencia.

No quiero parecer sargento, pero muchas personas dicen que quieren tener una buena condición, salud, estar delgadas y tonificadas, y eliminar grasa de su cuerpo, pero no están dispuestas a hacer lo necesario para que eso ocurra. Nuestras acciones deben ser coherentes con nuestros objetivos. En tu entrenamiento, no esperarías terminar un maratón de tres horas con solo correr 30 kilómetros a la semana. La misma fórmula se aplica a la salud nutricional. La constancia produce los rendimientos más altos. Toma los alimentos correctos de manera consistente y te garantizo que notarás la diferencia. Tendrás más energía, más músculo, piel más lozana, mejor desempeño, mejor salud y mejor calidad de vida.

No estamos hablando aquí de una disciplina vacía. La disciplina hace que nos sintamos satisfechos con nosotros mismos y esto a su vez nos fortalece. Irónicamente, los placeres y las comodidades que tememos perder son los que, en última instancia, nos hacen sentir insatisfechos. Así pues, échale un ojo al menú del Café Lotus. ¿Encuentras algo que pudiera estar en la dieta de los tarahumaras? A lo largo de este día te daré un pequeño curso de cómo darle combustible a tu cuerpo, desde la nutrición diaria hasta lo que necesitas para el entrenamiento y las carreras.

Un último comentario antes de que el mesero venga a tomarnos la orden. No te voy a dar reglas fáciles. No me corresponde hacerlo y no creo que sean efectivas. Esto es en buena medida una cuestión mental, una decisión consciente que debes tomar. Tú puedes elegir cómo quieres comer, hasta dónde estás dispuesto a llegar para mejorar tu alimentación, igual que con tu entrenamiento. Mientras mejor comas, mejor te sentirás y te desempeñarás al correr. La alimentación tiene un efecto acumulativo, al igual que la forma correcta de correr y la condición física.

Lo que haré será mostrarte el camino hacia lo que yo considero la alimentación ideal, y te dejaré la decisión de hasta dónde llegar. Ese es mi trabajo como tu entrenador.

Nutrición diaria

No soy médico ni tengo un título avanzado en nutrición. Mis conocimientos acerca de cómo y qué debemos comer para mejorar nuestro desempeño como corredores y mejorar nuestras vidas proviene del salón de clases, de colaboraciones en diversos estudios clínicos en universidades, de mis estudios autodidactas, experiencia personal y lecciones aprendidas de mis atletas. Lo que he aprendido de estas fuentes es que todos podemos sentirnos y desempeñarnos mejor siguiendo una misma dieta básica. Sé que hay personas con problemas de salud que requieren elementos y modificaciones especiales en lo que se refiere a su alimentación, pero al igual que con el ejercicio físico, creo que la mayoría de las personas somos similares y respondemos a una alimentación simple y rica en nutrientes. Creo que mucho de lo que encontrarás aquí es cuestión de sentido común.

Observa lo que ordené en el Lotus. Hemos estado juntos varios días, así que probablemente no te sorprenderá ver de nuevo una ensalada, esta vez mi favorita: arroz *basmati* integral con coco al vapor, con brócoli salteado, pimiento rojo, calabacitas, cebolla roja, espinaca y zanahoria, todo cubierto de mango fresco y un poco de carne de búfalo. No estoy contando las calorías ni clasificando mi comida por gramos de carbohidratos, grasas o proteínas. Es algo que hago al tanteo, con base en una idea general.

Y la idea general es la siguiente: en primer lugar, quiero muchas frutas y verduras orgánicas; con esta clase de carbohidratos, la verdad es que el cielo es el límite. Los carbohidratos, al igual que las grasas, son nuestra principal fuente de energía, ya sea que la utilicemos de inmediato o posteriormente. Son buenos para el funcionamiento de nuestros músculos, hígado, cerebro y sistema nervioso, y cuando son ricas en fibra, hacen maravillas con nuestro tracto digestivo. ¡Vivan los carbohidratos! Así pues, olvida todas esas dietas que aconsejan evitarlos. Solo procura obtenerlos de frutas y verduras, y no de alimentos refinados o procesados. Los carbohidratos son los que vienen en los alimentos naturales y ricos en nutrientes. Necesitamos esas vitaminas y todas esas cosas buenas que nos proporcionan los vegetales.

En concreto: si tienes un burrito, conviértelo en tostada o deshazte por completo de la tortilla. Toda esa pasta es trigo procesado, que no es muy bueno que digamos. Podemos decir lo mismo del pan blanco. Son mejores los integrales, pero de preferencia evita toda clase de pan. Recuerda: lo que queremos no es una dieta sin carbohidratos sino una con los carbohidratos correctos.

Hablemos ahora de las proteínas. Yo suelo incluir en todas mis comidas alguna clase de proteína vegetal o carne magra o pescado. Sin embargo, normalmente las porciones no son más grandes que la palma de mi mano. Esa carne magra de búfalo de mi ensalada favorita del Lotus apenas alcanza ese tamaño. La proteína promueve el crecimiento y la reparación de los tejidos, proporciona la materia prima de los músculos, y si estás siguiendo mi programa de entrenamiento, estarás desarrollando músculos en los lugares correctos. En general prefiero la carne orgánica y de granja, y el pescado silvestre. Aquí también debes preferir lo natural, como los tarahumaras (aunque no puedo recomendar una de sus técnicas de pesca, que consiste en arrojar explosivos al agua para aturdir a los peces, de manera que puedan atraparlos cuando suben a la superficie).

Finalmente, hablemos de las grasas. Notarás que hoy estoy comiendo aguacates. Me encantan los aguacates y las nueces, pero la carne de búfalo tiene grasa y es muy probable que las verduras estén salteadas en aceite, y aunque no fuera el caso, está el aderezo para ensaladas, de coco y delicioso aceite de semilla de uva. Como ves, mi comida no está libre de grasa (y eso es algo bueno). A la grasa de le critica injustificadamente: es esencial para absorber las vitaminas y proteger a los órganos más importantes, también es una fuente de energía y nos da la sensación de saciedad. Así pues, ten en mente que la grasa es un nutriente necesario, pero hay que comer del tipo correcto. Mientras más natural sea su fuente —nueces, aguacates— mejor, pero no debes ingerirla en demasía. Presta atención a la cantidad de grasa de tus alimentos. Así sabrás cuándo necesitas más y cuándo no la necesitas. Mi ensalada del Lotus tiene la cantidad justa de grasa buena, así que no le agregaré aguacates ni nueces.

Si alguno de ustedes prefiere los números a la idea de calcular al tanteo las proporciones correctas, he aquí unos datos duros. Los estudios muestran que la dieta de los tarahumaras se divide de la siguiente manera: 80 por ciento carbohidratos, 10 por ciento proteína y 10 por ciento grasas. No obstante, no hay que entusiasmarse demasiado con esta fórmula, ni con el conteo de calorías ni con las dietas de moda, como vegetariana o paleolítica. Para mí, y sé que se trata de una preferencia personal, estas etiquetas inhiben mi capacidad de aprender y mi receptividad, de experimentar y comprobar cómo me siento con los diferentes alimentos. Algunos días me alimento como vegetariano y otros como carne y huevos.

En vez de pensar en carbohidratos, grasas, proteínas, conteo de calorías o dietas de moda, prefiero hacer hincapié en la calidad de los alimentos que tomamos. Sabemos que nuestro cuerpo necesita combustible, y siguiendo la conocida analogía de un automóvil, el tipo de combustible con que llenamos nuestro tanque es crucial para nuestro desempeño. Nuestro cuerpo constantemente está regenerando células, por lo que todo lo que nos llevamos a la boca influye en cada parte de nuestro cuerpo. Piénsalo un momento: puedes llenar el tanque de tu automóvil con gasolina de muy baja calidad; el tanque la aceptará y el auto avanzará, pero lo hará sin potencia e inevitablemente acabará por descomponerse. Por otra parte, si usas gasolina de buena calidad, tu motor trabajará perfectamente y nada te detendrá.

Debes tomar una decisión y hacer el esfuerzo de llenar tu tanque con el mejor combustible del que puedas echar mano. Al principio sentirás que es un sacrificio y una carga, pero cuando mejores tus hábitos alimentarios te sentirás mejor física y mentalmente, y desearás tomar más alimentos saludables. Las elecciones correctas pondrán en marcha un ciclo en el que comer bien requerirá cada vez menos esfuerzo y que muy pronto empezarás a disfrutar.

La dieta sin dietas de Eric

Para que tengas una mejor idea de cómo comer de manera natural y simple voy a mostrarte un día cualquiera de mi vida frente a la mesa. Puedes tomar lo que te sirva, pero te advierto que no acostumbro seguir ni dar recetas rígidas. Prefiero tener en la casa una buena cantidad de alimentos básicos —verduras picadas, especias— y simplemente mezclarlos. Como yo soy quien cocina en la casa, puedo hacer que todo sea simple y sin complicaciones, dos factores fundamentales que me permiten de seguir de manera consistente una dieta natural. Para mí, el alimento es fundamentalmente un combustible y esta es la idea que guía mis elecciones alimentarias.

Desayuno. Lo primero que hago es tomarme un *espresso* doble. Esto echa a andar la máquina y forma parte de mi ritual matutino. Me siento en el cobertizo, me relajo, sueño despierto, visualizo algún aspecto de mi hazaña increíble y planeo mi carrera del día. Por lo general espero un par de horas después de levantarme para tomar el primer alimento. Para mí es una forma de ayuno y hace que me sienta alerta. Mi desayuno consiste normalmente de un par de huevos fritos sobre una tortilla de maíz y un aguacate encima. Además, como un plátano o melón. Otros días tomo un *omelette* que incluye espinaca, col rizada o jitomate, o bien un licuado de frutas congeladas, marañones y semillas de chía.

Almuerzo. Sobras. Me encantan las sobras, en especial para el almuerzo. Gracias a ellas es más fácil la vida y más rápida la preparación de los alimentos. Por lo general como salmón o bistec de búfalo del día anterior. También preparo una ensalada, mezclando en un recipiente aguacate, aceite de oliva, espinaca fresca. O puedo preparar unos tacos muy originales, metiendo los mismos ingredientes en una tortilla de maíz con humus. Adicionalmente como más fruta.

Bocadillo previo a la carrera. Si corro en la mañana mi desayuno es el combustible. Cuando hago una carrera larga agrego camote al *omelette* y a la fruta, o una guarnición de avena, dependiendo de la longitud y las exigencias de la carrera. Para recorridos cortos, el licuado es suficiente. Si quiero correr a primera hora de la tarde programo la carrera más o menos una hora después del almuerzo, de manera que este sirva como combustible. Si es más tarde tomo un bocadillo 30 o 40 minutos antes, por lo general una rebanada de pan integral con mantequilla de almendra y semillas de chía, o bien otro delicioso licuado de chía.

Cena. Ya sea en casa o en un restaurante, mis preferidas son las ensaladas, como ya habrás notado. En especial me encantan las de espinaca y col rizada. Contienen un montón de nutrientes. La ensalada que prefiero preparar es con atún a las brasas, espinaca y verduras crudas: pimientos rojos, pepinos y jitomate. Agrega un poco de sal de mar, un aguacate y aceite de oliva, y tu cena estará lista. También me gusta el salmón con camote y espárragos.

Bocadillos. No soy muy dado a comer bocadillos aparte de los necesarios para el ejercicio. Si tengo hambre preparo una comida o por lo menos un licuado.

Agua y té herbal. Casi nunca me verás tomando refresco, y muy esporádicamente bebidas energéticas. Aparte de mi *espresso* matutino tomo agua durante todo el día. En la noche preparo una taza de té herbal y me relajo.

El demonio en los pasillos

Al principio, establecer este ciclo de elecciones alimentarias correctas no será sencillo. Enseguida hablaremos de cuál es la razón, pero antes termina tu almuerzo. Luego ven conmigo. Haremos un corto recorrido por Jackson al supermercado. Su nombre es irrelevante; la mayoría son muy similares y estoy seguro de que este no es distinto de los que hay en tu ciudad.

Entramos por las puertas automáticas. Después de todo, ¿por qué habríamos de molestarnos en usar nuestro cuerpo para abrir la puerta? Lo que importa aquí es la comodidad, y si hay algo que caracterice a los supermercados es que hacen que las malas elecciones sean muy cómodas. Vamos a caminar por aquí. Mira cómo los alimentos integrales —frutas y verduras frescas, carne recién cortada y pescado fresco— están en la periferia de la tienda. Comparados con los demás productos a la venta, ocupan un espacio mínimo de la tienda. Por otra parte, en el corazón del supermercado, pasillo tras pasillo, hilera tras hilera, los estantes están llenos de los alimentos procesados, con conservadores y producidos de manera industrial.

Sígueme a la sección de cereales. Observa las cajas decoradas con personajes de caricatura. Lee las etiquetas de valores nutricionales. Luego mira más adelante los cereales empacados como nutritivos y saludables. Verás que en ambos hay gramos y más gramos de la que yo considero la droga más grande, generalizada y traicionera de este país: el azúcar. En mi opinión —y hay muchos expertos que la comparten—, constituye un problema de adicción como aquella al alcohol o los cigarrillos, que induce a su consumo y produce resultados igualmente devastadores. Los elevados niveles de fructosa, jarabe de maíz y sacarosa (ya sea de betabel o caña de azúcar) en nuestros alimentos y bebidas son parte del problema.

En esta tienda abunda el azúcar en altas cantidades, en cereales, panes, pastas, salsas, jugos, bocadillos, alimentos preparados, etcétera. El demonio acecha en los lugares más inesperados. ¿Se te antojó un yogur? Revisa la etiqueta y prepárate para una sorpresa. ¿Avena instantánea? Sí, ahí también. Incluso las roscas de pan empacadas la tienen.

Estos alimentos repletos de azúcar son perjudiciales por tres razones. En primer lugar, el cuerpo tiene dificultad para procesar tal cantidad de azúcar. Hay quienes afirman, particularmente respecto de los altos niveles de fructosa, que es francamente tóxica para el cuerpo. Segundo, estos alimentos incluyen calorías vacías de nutrientes. Uno se llena de azúcar y ya no tiene espacio o apetito para alimentos con vitaminas, minerales y antioxidantes, que serían mucho mejores para el cuerpo. Tercero, estos alimentos son adictivos y fomentan la ingesta excesiva. Mientras más azúcar consumas, más desearás.

Si acostumbras comer muchos alimentos procesados es posible que no sepas que tienes un problema con el azúcar. Pero incluso si no eres adicto a los alimentos dulces es probable que lo tengas. El azúcar está oculta en muchos alimentos procesados, así que no es cuestión de comer muchos chocolates o galletas. Por eso haremos algo al respecto como un primer paso en la rehabilitación de tu alimentación diaria.

Vamos por un carrito y compremos algunas cosas mientras te platico qué haremos a continuación. No te sorprendas si alguno de los empleados me saluda al pasar; yo vengo aquí dos o tres veces por semana. Eso me ayuda a planificar mis alimentos, a tener siempre en la casa alimentos naturales y frescos, y a evitar los alimentos procesados, sobre todo los que contienen azúcar.

Desintoxicación del azúcar en veinte días

Soy un atleta y un entrenador que siempre está en busca de retos, intentando cosas nuevas, viendo qué funciona y qué no, para mejorar mi desempeño y llevarlo al siguiente nivel. Cuando me mudé a Jackson Hole tuve que modificar todos mis hábitos, así que decidí hacer lo necesario para poder sentir los beneficios que puede darnos una buena alimentación. Como entrenador me uso a mí mismo como conejillo de indias para ver qué cosas mejoran el desempeño. Así pues, a manera de experimento decidí prescindir del azúcar de mi dieta. Con excepción de la contenida en frutas, eliminé el azúcar por completo. Ten en mente que para estas alturas yo ya llevaba una alimentación bastante buena pero nunca había prestado atención a los azúcares que se ocultan en nuestros alimentos así que decidí identificarlos y deshacerme de ellos.

El ansia de comer azúcar iba y venía. En ocasiones el deseo de comer yogur con granola era difícil de resistir, pero si tenía plena conciencia de ellas y esperaba, esta clase de impulsos siempre acababan por pasar. Solo hay que darles tiempo. Después de algunas semanas, las ansias desaparecieron. (He sabido de personas que eliminaron el azúcar de sus dietas y dejaron de sentir en unos cuantos días el ansia por comerla). Por otra parte, perdí más de dos kilogramos de peso. Yo ya era delgado pero logré bajar más. Y no sentía hambre; me sentía más satisfecho a la hora de comer, y al mismo tiempo, menos lleno. Tenía más energía. En lo que se refiere a mi desempeño, después de tres semanas de mi desintoxicación de azúcar pude correr a la cima del Snow King cinco minutos más rápido con el mismo nivel de esfuerzo. Yo estaba asombrado. Hubo una mejoría drástica en mi desempeño general como atleta. En un periodo muy corto mi cuerpo tuvo una transformación que de otra manera solo hubiera logrado con meses de entrenamiento.

¿Ya te convenciste? Si quieres disfrutar de estos beneficios, he aquí tu reto: una desintoxicación del azúcar de veinte días. Un buen momento para iniciarla es la fase de transición-rejuvenecimiento de tu programa de carreras, cuando el requerimiento de energía es menor. Pero si estás motivado y quieres empezar de inmediato, puedes hacerlo. El objetivo es muy simple: eliminar el azúcar, con excepción de la contenida en las frutas. Revisa las etiquetas de todo lo que comas. En la parte de los carbohidratos debe haber un renglón para los azúcares. Siempre debe decir cero. El resto de tu dieta deberá ser la misma de siempre.

¿Por qué esta medida extrema? Perderás algo de peso, pero eso no es lo más importante, aunque para algunos, deshacernos de dos a cinco kilogramos es un efecto secundario muy agradable. La razón principal es que quiero que tomes conciencia de lo que comes y de la manera en que te afecta física y mentalmente. Considera que así estás sentando los cimientos para poder avanzar. Como siempre, sentar los cimientos cuesta trabajo. Esta desintoxicación no será sencilla. Es probable que pienses que no consumes mucha azúcar. Acepta este reto y compruébalo. Por muy buenos que sean nuestros hábitos alimentarios verás que es difícil deshacerse de este pequeño invasor, y te sorprenderá la cantidad de azúcar que logra colarse en nuestros alimentos. Durante la primera semana es posible que sientas el deseo de ingerir azúcar, y que te resulte difícil incluso preparar los alimentos sin ella. Es probable que te sientas malhumorado, aletargado, ansioso, o las tres cosas en un tiempo muy corto. Irresistible, ¿no?

Estos son algunos consejos para superarlo: toma mucha agua y prepara bocadillos saludables como apio, zanahoria, nueces y frutas secas. Come muchas ensaladas. Ve al expendio de jugos o prepáralos tú (pero solo con frutas y verduras frescas, ¡nada procesado!) y evita los yogures con azúcar. Pésate con frecuencia. Empieza a tomar conciencia de cómo el combustible influye en tu peso corporal y en cómo te sientes. Anima a tu familia y amigos a que hagan lo mismo, pues esto te ayudará a mantenerte motivado. Toma alimentos sencillos y poco variados; esto te ayudará a organizarte y a continuar con la desintoxicación.

Después de la primera semana las cosas se hacen más fáciles. Las ansias de comer azúcar desaparecen. Después de dos semanas es muy posible que empieces a irradiar salud y a sentirte más energizado y concentrado que nunca. Disfrútalo.

Ya sea que te sientas bien o mal, enfermo o vigorizado, toma conciencia de tu cuerpo y de tus pensamientos acerca de la comida a todo lo largo de este proceso. Esto es fundamental. Toma conciencia de lo que comes y de cómo te sientes ante la ausencia de azúcar. Esa es la clave del éxito para completar la desintoxicación, y la razón principal por la que estás haciéndola.

Moderación es mediocridad — 95/5

Te traje al supermercado para que veas qué alimentos puedes llevar para comer de manera saludable. Yo practico lo que predico y no me gusta hacer las cosas a medias, pero déjame aclarar algo: cuando uso la palabra *moderación* para hablar de tu dieta no me refiero al control de las porciones. Si uno come bien y presta atención a cuándo se siente satisfecho, eso deja de ser un problema. A lo que me refiero es a tu elección general de alimentos.

Revisa mi carrito de compras. Observa qué cosas voy tomando alrededor de la tienda, y digo *alrededor* con toda intención, pues es ahí donde normalmente están los alimentos frescos. Casi no incursionaremos en la parte de en medio. Hay demasiadas tentaciones y azúcares ocultos en esos pasillos.

Ahora que estamos en la sección de productos agrícolas y estoy echando un montón de frutas y verduras al carrito —espinaca, col china, col rizada, manzana, plátano, melón, brócoli, camote, aguacate, pimiento rojo, calabacitas y otras frutas de la estación— planifiquemos qué harás una vez que hayas terminado tu desintoxicación de veinte días.

Me gustaría que en ese momento reflexionaras una vez más sobre cómo te sientes. Lo que hiciste fue bastante extremo, pero apuesto a que te sientes maravillosamente bien. Perdiste peso, te levantas de la cama con energía y no te sientes tan cansado por las noches. Tu piel se ve fresca y más allá de los físico, estoy seguro de que te sientes orgulloso de ti mismo. Lograste algo muy difícil: apegarte al plan y liberarte del azúcar. Has empezado a desarrollar una nueva filosofía de cómo quieres comer y te apegaste a ella. Esa perseverancia, esa disciplina, hace que te sientas satisfecho contigo mismo y con tus decisiones.

Ahora considera cómo te sentirías si solamente hubieras eliminado un poco del azúcar de tu dieta. Si te hubieras planteado, por ejemplo, desintoxicarte en el desayuno o en la cena pero no durante todo el día. ¿Crees que te sentirías mejor? Tal vez un poco pero el cambio sería menos evidente. Como resultado, no estarías tan convencido de ir por el camino correcto. Por eso digo que moderación es mediocridad. Si no nos proponemos llegar las estrellas es probable que no logremos despegarnos del suelo.

Y la realidad es que por más cuidadoso que hayas sido durante la desintoxicación, a lo más habrás eliminado 95 por ciento del azúcar de tu dieta. Pero no te desanimes. Yo creo que 95 por ciento de una dieta simple y natural y 5 por ciento de una dieta descontrolada dan como resultado una forma de vida espectacular. Si comes bien el 95 por ciento del tiempo estarás apuntando a las estrellas. No soy un monje que prohíba todos los placeres terrenales. Me gustan mis cervezas frías y mis galletas con chips de chocolate, pero las limito al 5 por ciento de mi dieta. Eso no significa que las consumo con moderación, sino que prácticamente las evito. Eso es suficiente para marcar una diferencia notable en la manera en que te sientes, una diferencia convincente.

Reitero: mi objetivo es que sientas cuán bien es posible sentirse. Con ese 95/5 lo sabrás.

El reto de veinte días de alimentos integrales

Estamos por terminar en el supermercado. Ya tengo lo que necesito para los siguientes dos o tres días: un paquete de 50 tortillas de maíz sin ingredientes adicionales. Atún de aleta amarilla fresco y salmón silvestre. Fue divertida la visita al mostrador de la carne, ¿cierto? Me encanta lo que ofrecen aquí: la carne magra de alce se asa muy bien. Llevamos huevos, frambuesas y arándanos congelados para licuados (recuerda: sin azúcar), así como almendras y marañones de los contenedores de productos a granel. Nos dividimos brevemente en los pasillos centrales para conseguir aceite de oliva, frijoles y puré de jitomate.

Casi lo olvido, necesitamos comprar algunas especias. Hay que darle un buen sabor a los alimentos. Tomillo, albahaca, romero, ajo, pimienta. Aprovechando que estamos aquí tráete una salsa; es muy sabrosa y con la etiqueta adecuada: nada de azúcar.

Mientras pagamos y subimos las cosas a la camioneta hablemos de tu segundo reto. Ojalá que haber salido de compras te sirva de inspiración. Una vez que te hayas desintoxicado del azúcar quiero que te concentres en comer alimentos simples y naturales. Mantén el factor 95/5 y apuntemos ahora al mismo extremo del buen comer: nada de comida chatarra, nada de comidas procesadas, nada de pan, pasta, queso, yogur, alcohol, cereal ni granola.

¿Viste algo de lo anterior en mi carrito? Y leche de vaca; también puedes prescindir de ella. Las frutas y las verduras, así como el hígado y los frijoles negros tienen todo el calcio que necesitas.

Toma alimentos simples y enteros. Cuando vayas de compras en tu ciudad recuerda nuestra salida. Si necesitas más ayuda para decidir si debes comer o no algo, imagina que vives en una granja de hace 200 años. Elige el lugar que quieras. Come solo lo que había disponible entonces, lo que ese granjero y su familia tenían en su granja, cultivaban en sus campos, cazaban en el bosque o pescaban en los lagos. Así de simple. Evita los alimentos procesados de la sociedad moderna. Toma alimentos que recuerden de dónde provienen, alimentos sin listas de ingredientes o con listas simples sin palabras que no puedes pronunciar. Come alimentos de verdad.

A lo largo de este segundo desafío voy a pedirte que agudices tu conciencia de cómo te hace sentir la comida que te llevas a la boca. En particular:

1. Siente la diferencia entre tener hambre y querer algo de comer.
2. Nota cuán poco necesitas comer para sentirte lleno y satisfecho cuando tu dieta está conformada únicamente por alimentos integrales, verdaderos.
3. Nota cuán equilibrada y estable es tu energía cuando tomas una comida balanceada de carbohidratos, grasas y proteínas.
4. Nota cómo se siente tu cuerpo, tu piel y tus músculos en las mañanas cuando incluyes fruta en el desayuno.
5. Nota cómo cambia tu peso corporal. Hay quienes dicen que no debes usar la pesa cuando estás replanteando tu dieta. Tonterías. Verifica diariamente cómo tus alimentos y los cambios que haces en tu dieta se reflejan en tu peso.
6. Nota cómo esa sensación de bienestar que obtienes de una alimentación natural hace que quieras sentirte así todo el tiempo.

7. Finalmente, nota qué ocurre en esas ocasiones en que comes pizza o helado. Pregúntate si el placer que sientes al comerlos —y la sensación subsecuente de malestar— son mejores que la sensación de bienestar que obtienes cuando decides evitarlos.

Una vez que hayas terminado estos dos desafíos de veinte días, te aseguro que comprenderás mejor que nunca de qué manera lo que comemos influye física y mentalmente en lo que somos. Ahora estás listo para definir qué significa para ti la salud nutricional diaria.

Declaración de misión nutricional

Luego de esta conversación sobre qué comer y qué no comer te has ganado una comida casera. Vayamos a mi casa. Nos sentaremos en el exterior, disfrutaremos el cielo despejado de la tarde, escucharemos música y escribiremos tus objetivos alimentarios. Más tarde, después de una caminata por la orilla del arroyo, cocinaré para ti.

Como tu entrenador quiero que desarrolles tu potencial al máximo. Quiero que lleves a cabo tu hazaña increíble como corredor y como persona. Por lo tanto, quiero que establezcas un ideal muy elevado para tu alimentación. Elige siempre el camino más saludable sin importar cuánta disciplina sea necesaria y cuán fuertes sean las tentaciones. Si lo haces te aseguro que te sentirás muy bien. Te enamorarás del nuevo tú y te sentirás motivado para seguir comiendo bien y viviendo tu vida al máximo de tu capacidad.

Mi alimentación es mi decisión y estoy satisfecho con ella. Decido comer los alimentos más simples y naturales en cada comida. Si como unas galletas, sigue siendo una elección. Me doy un gusto y lo disfruto, pero también decido prescindir de él por varias semanas. Mi ideal es el 95/5 porque me gusta cómo me hace sentir. De alguna manera es como un juego para mí ver cuánto puedo vivir sabiendo que estoy comiendo lo mejor que puedo. Además, constituye un cimiento maravilloso para mis actividades atléticas.

Pero mi vida no es tu vida. Debes tomar tus propias decisiones alimentarias. Por eso debes tener objetivos claros. Debes tener un plan y desarrollar tu conciencia para comer bien. Debes tener una declaración de salud nutricional que te guíe y te inspire. Tratemos de diseñar una ahora. No olvides revisarla, repensarla y reescribirla una vez que hayas terminado tus dos desafíos.

Tus objetivos nutricionales deben ser consistentes con tus objetivos atléticos. Si quieres correr mejor debes comer mejor. Si quieres que tu desempeño atlético alcance el nivel más alto necesitarás una dieta rica en nutrientes y libre de chatarra. Estoy hablando del factor 95/5. Inclúyelo en tu declaración.

Puedes también establecer momentos para ser más o menos riguroso con la dieta. Puede haber una temporada en la que quieras tener el mejor desempeño y por lo tanto la mejor alimentación. Puede ser un lapso de tres a cinco meses. Comienza la transición un mes antes de la temporada; luego lleva a la práctica el 95/5 durante los tres a cinco meses, y finalmente sé menos riguroso, tal como lo harías al entrenar para una carrera importante.

También puedes iniciar tu transformación nutricional de manera gradual después de tus dos desafíos y cobrar impulso mes tras mes hasta alcanzar el compromiso de 95/5.

La declaración de misión es tu responsabilidad. Toma decisiones con base en tus objetivos. Haz lo que sea mejor para ti, apégate a ello y te aseguro que no querrás dar marcha atrás.

Recarga estratégica de combustible

Hemos pasado el día juntos; hemos hecho un análisis general de la alimentación: qué es bueno comer y por qué. Hemos comido dos veces, escribimos una declaración de misión. Por si fuera poco, cociné para ti, y sin embargo, apuesto que no estás plenamente satisfecho. En todo este tiempo es muy poco lo que hablamos acerca de qué comer antes y durante una carrera.

Relájate; bebe un poco de té verde. Vamos a sentarnos allá afuera y a relajarnos escuchando a Jeff Buckley. Mira al cielo. ¿Habías imaginado que podía haber tantas estrellas?

La adquisición de buenos hábitos alimentarios contribuirá a tu desempeño en el entrenamiento y las carreras. El desarrollo de tus cimientos y la atención a tus hábitos de alimentación te aportarán muchos más beneficios que ninguna comida secreta que puedas tomar antes o después de una carrera en particular. No es menos importante que tu trabajo con la fuerza, la forma o el programa de entrenamiento. No podrás completar un ultramaratón si escatimas tus kilómetros del día, y ocurre lo mismo si escatimas los alimentos adecuados en las semanas y meses previos a una carrera.

Luego de entrenar a muchos corredores y atletas he aprendido que la alimentación adecuada para el entrenamiento y las carreras es un asunto complicado. Lo que funciona perfectamente para un atleta, para otro no; lo que funciona perfectamente para una carrera puede no funcionar para ese mismo atleta en otra. Siempre hay muchos factores en juego. A veces sientes que puedes hacerlo y a veces no. En el ciclismo a esto se le conoce como días de «buenas piernas» o de «malas piernas». Es importante aprender de ambos, ver qué funciona y qué no.

No obstante, hay tres cosas de las que estoy seguro. Primero, es fundamental sentar unos cimientos adecuados. Ya cubrimos esa parte. Segundo, un buen combustible antes de una carrera ayuda a mantener el cuerpo en movimiento. Tercero, una buena condición física favorece el uso eficiente del combustible, lo que permite sacarle más provecho a lo que comes.

Alimentación previa a la carrera

Lo que debes comer antes de una carrera de entrenamiento depende de qué distancia vas a recorrer y con cuánta intensidad, así como de qué fue lo último que comiste. No obstante, el secreto está en tomar conciencia. Debes conciliar la cantidad de combustible que necesitas según el tipo de ejercicio que vas a realizar. Con un poco de sentido común y planificación tendrás un buen desempeño.

A continuación menciono algunos tipos de carrera que se repiten a lo largo de la semana de entrenamiento, con algunos consejos generales de lo que debes comer antes de realizarlas.

1. Carrera corta y relajada (RFC 1-3). Yo realizo normalmente estas carreras durante la semana laboral, por lo que no requiero otro combustible que los alimentos normales de ese día.
2. Carrera corta y rápida o entrenamiento interválico (RFC 4-7, RV 3-7). De 30 a 45 minutos antes de esta carrera toma algo ligero, como un licuado de fruta y chía o dos puñados de marañones y fruta.
3. Carrera larga (RFC 1-3). Estas carreras se realizan a velocidad lenta o moderada, pero exigen un esfuerzo prolongado. La mayoría las hacemos durante el fin de semana. En estos casos es conveniente una cena consistente la noche anterior. Luego, una o dos horas antes de la carrera, llena bien el tanque con base en la distancia planeada. (Si pienso correr por la montaña un par de horas, tomo por la mañana unos huevos y/o avena con fruta y nueces espolvoreadas).

Como dije, son indicaciones generales y no reglas rígidas. Si quieres hacerlo correctamente debes ser consciente de cuándo comiste por última vez y qué exigencias y cuánto combustible necesitará tu cuerpo durante la carrera. Supón que sales de la oficina a las dos de la tarde para una carrera de una hora, pero como el teléfono no dejaba de sonar, no has comido nada desde el desayuno. Más vale que pienses en comer algo antes de esa carrera.

El entendimiento verdadero, así como la diversión, son resultado de la conciencia, de probar qué necesitas comer o beber exactamente para alcanzar tu nivel máximo de desempeño, ya sea antes de una carrera o durante la misma. Sé consciente y prueba cosas diferentes, comprueba cuáles te sirven. Descubre qué funciona para ti en los diferentes días; toma en cuenta las distintas maneras en que puedes sentirte según la cantidad de sueño que tuviste esa noche o el nivel de estrés que tienes en el trabajo; prueba a comer más o menos carbohidratos o proteínas en la comida previa a la carrera; come media hora o dos horas antes de correr. Intenta diferentes estrategias hasta encontrar las que te funcionen.

No siempre obtendrás buenos resultados, pero en parte ese es el chiste. Aprendemos de los fracasos, y normalmente aprendemos mucho más de ellos que de nuestros éxitos. Cuando estés experimentando siente tu nivel de energía en las diferentes etapas de la carrera. Suponiendo que todos los demás factores son constantes (por ejemplo, el terreno, la temperatura), ¿en qué momento de la carrera te sientes mejor y en cuál peor? Asimismo, pésate antes y después de tus carreras. Toma conciencia de los requerimientos que el ejercicio le hace a tu cuerpo. ¿Estás ganando o perdiendo peso? ¿Lo estás manteniendo? La pesa es una herramienta que te ayudará a tomar conciencia y te permitirá comprender de qué manera tu alimentación y entrenamiento afectan tu cuerpo.

Con el tiempo y la práctica en la toma de conciencia obtendrás una sensación general de tu condición física y del impacto que tiene el combustible en los días de «buenas piernas» o «malas piernas».

Alimentación durante la carrera

En las carreras de distancia es importante saber cómo alimentarse, pero en este caso, como en todos los demás, debes experimentar y comprobar qué funciona mejor para ti, y estar preparado para solucionar sobre la marcha los problemas. Hay muchos productos disponibles, como geles, gomitas, bebidas energéticas, barras, *trail mix,* frutas secas o miel. Lo sé, lo sé, la mayoría tienen elevados niveles de azúcar y no son muy naturales que digamos, pero sobre todo en carreras largas, la comodidad es prioritaria, y de cualquier forma vas a quemar esos azúcares muy rápidamente.

No existen reglas inmutables acerca de cuándo y cómo cargar combustible. Depende de la distancia y del tiempo que corras, del terreno, la intensidad y la temperatura. Además, he notado que muchas personas, en especial en lo que se refiere a la hidratación y la alimentación, siguen reglas estrictas que en ocasiones los meten en problemas.

Enseguida encontrarás algunas de las cosas que yo hago. Son solo un punto de partida para que empieces a experimentar. Por lo general organizo mi alimentación con base en el tiempo que voy a correr, más que en la distancia.

De 30 a 75 minutos

Cuando he seguido mi declaración de misión nutricional de 95/5, así como mis prácticas de alimentación previas a la carrera, no tomo combustible durante estos recorridos. En lo que se refiere al agua, a menos que haga muchísimo calor, bebo solamente cuando tengo sed y no sigo un régimen estricto de hidratación.

De 75 minutos a dos horas

Este lapso es uno de los más difíciles de determinar. En carreras relajadas es probable que no necesites mucho combustible, siempre y cuando hayas seguido tu estrategia de alimentación previa a la carrera, pero yo siempre llevo algo por si las dudas, generalmente una barra energética de avena. Cuando necesito combustible durante las carreras relajadas es debido a la carga acumulada del entrenamiento de esa semana más que a las exigencias de la carrera misma. Practica la toma de conciencia; pregúntate qué tan cansados han sido los días previos, pues esto puede ser lo que determine si necesitas más combustible durante una carrera de esta extensión. Yo llevo agua y bebo cuando siento sed.

Cuando entreno a paso rápido en este rango de tiempo aprovecho mi cinco por ciento libre y utilizo geles aproximadamente entre los 75 y 90 minutos de la carrera, si siento que mis reservas se están agotando y que podría venirme bien una recarga energética. Aquí también la comodidad es lo primero, además de que es difícil digerir comida «real» mientras realizas un esfuerzo intenso. Lo importante es que no se necesita mucho, únicamente algo pequeño en el organismo para terminar la carrera. Cuando uso geles bebo agua con mayor frecuencia.

De dos a cinco horas

Cuando corro en senderos montañosos y la intensidad fluctúa de baja a moderada, procuro tomar alimentos reales y agua. Prefiero las barras naturales de avena, dátiles o frutas secas con nueces. Después de una hora y media o dos de carrera empiezo a tomar combustible, con 45 a 60 minutos entre cada ingesta.

Si la carrera es larga pero sencilla y tiende a quemar grasas, prefiero una comida abundante antes de comenzar y luego espero a ver hasta dónde llego antes de requerir combustible. Luego tomo algo cada vez que lo necesito. Aquí es cuando uno aprende lo que necesita el cuerpo y cómo responde al combustible.

En cuanto al agua, si es un día de temperatura promedio tomo aproximadamente 700 mililitros cada 75 o 90 minutos, y me cuido de hidratarme después de la carrera. No hay que excederse en la hidratación. Solo sé lo más constante que puedas y aprovecha al máximo lo que hayas llevado. Yo uso botellas de mano y mochilas de hidratación siempre que las necesito.

En carreras que requieren un esfuerzo intenso y constante uso geles o miel. Tomo combustible con más frecuencia, pues las exigencias de una mayor distancia y un nivel elevado de intensidad quemarán los carbohidratos más rápidamente. Normalmente uso agua para hidratarme, y tomo bebidas energizantes de manera esporádica y solo para variar, pues como ya estoy tomando geles no quiero una dosis doble de azúcar. He descubierto que el uso simultáneo de bebidas energizantes y geles provoca problemas estomacales, por lo que es mejor hidratarse principalmente con agua. Determina qué es lo que funciona para ti y no olvides tomar agua con los geles.

De cinco horas en adelante

El aspecto más importante acerca de cargar combustible durante carreras muy largas es comer y beber cuando te sientes bien, pues cuando uno no se siente bien, lo último que quiere es comer o beber. Prepárate con anticipación.

Por lo demás, mantengo los mismos tiempos para tomar combustible y agua que en las carreras de dos a cinco horas, aunque agudizando un poco más la conciencia. Cuando la intensidad es menor como barras energéticas y comida «real». Cuando la intensidad aumenta, cambio a los geles. Si mi frecuencia cardiaca baja y me siento menos alerta, sé que es momento de comer. También evalúo cada hora mis niveles de intensidad considerando las exigencias del terreno y mi frecuencia cardiaca. Algunos tramos son más difíciles que otros, por lo que es necesario ajustar la alimentación durante y después de recorrerlos.

Esto es muy importante y te ayudará a prevenir problemas estomacales. Si estás corriendo un tramo sencillo y sabes que más adelante hay un ascenso largo o un tramo más difícil, empieza a tomar combustible cuando tu estómago puede manejar mejor la ingesta. Cuando la intensidad se eleva, al estómago se le dificulta digerir el combustible, así es que evita comer por un tiempo y asegúrate de tomar combustible cuando la intensidad baje. Si practicas la toma de conciencia y evitas regímenes estrictos de alimentación, evitarás muchos problemas estomacales.

Al entrenar y correr ultramaratones debes prestar atención a tus antojos y experimentar. En estas distancias largas la única regla es hacer lo que verdaderamente funciona para ti, con base en lo que la práctica te haya enseñado. A algunos corredores les encanta el tocino pues sienten que la grasa les ayuda en mitad de la carrera. Es importante que cuando estés entrenando pruebes diferentes estrategias de alimentación. En algunas carreras toma con frecuencia porciones pequeñas; en otras toma porciones grandes con menor frecuencia. Trata de aprender lo más que puedas acerca de tu cuerpo, de lo que necesita y de lo que le gusta en ciertos momentos de la carrera, del día o de la noche. La clave es la conciencia: ¿cómo sientes el estómago? ¿Cómo ha sido tu ingesta de agua durante la última hora? ¿Cuál fue la intensidad del esfuerzo que hiciste durante la última hora? ¿Qué exigencias tendrás a continuación? ¿Se acerca un ascenso largo? Este tipo de preguntas te darán una lectura de tu cuerpo, como la del medidor de gasolina de un auto, y te ayudarán determinar cuánto combustible necesitas y en qué momento tomarlo.

La alimentación y tu hazaña increíble

Es hora de ir a descansar. Regresa a tu hotel y trabaja un poco más en esa declaración de misión alimentaria. Antes de irte a dormir quiero que reflexiones sobre lo que platicamos hoy. Fue una gran cantidad de información: carbohidratos, azúcares, la desintoxicación de veinte días, y qué requieres exactamente en tu dieta para poder destacar.

Pero también hablamos de muchas otras cosas. A lo largo de nuestras carreras y conversaciones de los días anteriores he hablado una y otra vez de la conciencia. No sé si lo notaste pero hoy hablé más que nunca de ella. Tomar conciencia de lo que comes, de cómo te hacen sentir los alimentos, es sumamente importante. Aun así, hay algo todavía más importante: tomar conciencia de tus ambiciones en el rango de las carreras. Solamente una conciencia clara de tus objetivos generales te permitirá cumplir tu compromiso con una alimentación saludable.

Para lograr tu hazaña increíble es indispensable que definas qué tipo de corredor quieres ser, que tengas la seguridad de lograrlo, y que estés dispuesto a hacer lo necesario para cumplirla. Al reorganizar tus hábitos alimentarios aprenderás a disfrutar lo que yo llamo *excavar la tierra*. Al principio es posible que se te dificulte cumplir con tus retos de veinte días, pero si te mantienes consciente y te adhieres al plan establecido, te sentirás muy bien, no solo físicamente sino también por adoptar una nueva filosofía de la vida y del ser. Tu disciplina se convierte en un satisfactor en sí mismo, y te dará la confianza y la motivación necesarias para continuar.

En cierto sentido, comer bien es como excavar en busca de oro. Uno escarba incesantemente hasta que un día encuentra una pepita. Este descubrimiento nos da satisfacción pero pronto nos damos cuenta de que también nos hemos enamorado del acto de excavar. La conciencia nos permite comprender este tipo de cosas, y hay mucho más que podemos hacer si sabemos aprovechar su poder.

7

CÓMO
INTEGRAR TODO

HOY TENEMOS mucho que hacer, un largo recorrido de carrera y caminata, así que empecemos con el pie derecho y tomemos un buen desayuno. Nos reunimos muy temprano —sí, el sol acaba de elevarse sobre las montañas— para conversar en el Bunnery. ¿Percibes el olor de los huevos y del café recién hecho? A los lugareños les encanta este restaurante, y con toda razón.

Siéntate. No estaremos aquí por mucho tiempo, pero sé que tienes algunas preguntas sobre cómo integrar los programas de fuerza, forma y cimentación, y los programas de nutrición. Hablemos de eso antes de abordar el gran tema: la conciencia y la realización de tu hazaña increíble.

Las preguntas básicas

¿Entonces quieres saber por dónde empezar? La respuesta es: tan pronto como regreses a casa y consigas el equipo que necesitas. En otras palabras, empieza a la brevedad con el entrenamiento de fuerza. Arranca fortaleciendo pies, piernas, torso y extremidades superiores. Mientras desarrollas tu fuerza es un buen momento para comenzar el programa de transición a la carrera formal.

Compra esos zapatos sin desnivel y aumenta progresivamente el número de kilómetros que corres con ellos. Como mencioné antes, la fortaleza contribuye a la forma y la forma a la fortaleza. También es el momento perfecto para modificar tus hábitos alimentarios. Empieza tu primer reto de veinte días. Como ves, las primeras tres a seis semanas de tu entrenamiento son un tiempo de transición atlética que le permitirá a tu cuerpo adaptarse a la fuerza, a la forma, a los nuevos zapatos y a la alimentación. En un mundo perfecto, esta sería la manera perfecta de empezar.

Por el momento no te preocupes de cómo integrar en el día a día el entrenamiento de fuerza con el trabajo en la forma. Olvídate por ahora de rutinas específicas para los diferentes días de la semana. En esta etapa las carreras son relativamente limitadas, así que es una buena oportunidad de desarrollar tu fuerza. Idealmente, trabajarás la fuerza de cinco a seis días por semana, alternando las partes inferior y superior del cuerpo. Corre en los días en los que trabajes la parte inferior, de preferencia antes del entrenamiento. Es importante que en esta etapa aprendas a sentir cómo está respondiendo tu cuerpo, dónde sientes molestias y dónde no.

Algunas personas me preguntan si es indispensable trabajar la fase de preparación una vez que han terminado con el programa de transición. La respuesta corta es sí. La respuesta larga es que la fase de preparación es precisamente eso; su objetivo es preparar a las piernas y al sistema cardiovascular de manera consistente antes de abordar el programa de cimentación. Durante la fase de preparación continúa con el entrenamiento de fuerza, con el cuidado de tu alimentación —emprende el segundo reto de veinte días—, y con la forma, desarrollando tu conciencia y realizando los ejercicios. Aprovecha este tiempo para adquirir la mejor condición posible en preparación para el programa de cimentación.

Cuando estés trabajando en el programa de cimentación de cinco meses, tal vez te preguntes si debes suspender el entrenamiento de fuerza. Eso me lo preguntan mucho, pero recuerda: uno puede mejorar indefinidamente. Esos significa que debes continuar con el entrenamiento de fuerza. La gran ventaja es que tu cuerpo ya se ha adaptado a las nuevas exigencias que le estás haciendo, lo que te permitirá obtener más beneficios y desarrollar tu condición. Sigue el programa para el entrenamiento alternado de las partes superior e inferior del cuerpo, sugerido en el capítulo tres, que le concede al cuerpo un tiempo adecuado para la recuperación. También debes continuar desarrollando la conciencia de la forma. Asimismo, es el momento para empezar a confeccionar y ejecutar tu declaración de misión alimentaria.

Entrenamiento autorregulado

Mientras terminas tu desayuno quiero hablarte de un elemento fundamental de este programa: el entrenamiento autorregulado.

Sí, autorregulado. Muy pronto, en un par de días, estarás de regreso en tu casa, sin mí. Gracias a la estructura y a la personalización del programa, ya tienes una buena idea de lo que harás. Es importante que lo sigas lo más fielmente posible. No obstante, no hay entrenador ni libro que pueda prever todas las situaciones ni contestar todas las preguntas que surgirán. Pero eso es algo bueno. Aun mis clientes particulares, con quienes hablo diariamente o una vez a la semana, deben hacer ajustes al programa con base en sus tiempos y en sus cuerpos.

Saca ventaja del entrenamiento autorregulado. Las cosas no siempre salen como quisiéramos: a veces nos enfermamos; otras, el trabajo nos obliga a romper nuestra rutina. A veces los compromisos familiares interfieren; otras, uno llega a la pista y simplemente no se siente bien. A veces sentimos que podemos esforzarnos más; otras, que no podemos hacer nada. Todo esto está bien. Es humano. Nuestro mundo no es perfecto, y aun si lo fuera, cada quién alcanza su mejor desempeño de diferentes maneras. Por eso debes hacerte responsable de tu propio entrenamiento y autorregularte. En los días anteriores has empezado a tomar conciencia de cómo funciona eso. Por ejemplo, al hablar del entrenamiento de fuerza te pedí que regularas el número de repeticiones con base en tu capacidad y en tu tiempo disponible. Ocurre lo mismo en el programa de cimentación, donde tú determinas si puedes entrenar seis días a la semana y el número de repeticiones que realizarás. Lo mismo con la alimentación y con tu declaración de misión.

Por su naturaleza, el entrenamiento autorregulado exige que tú mismo hagas los ajustes necesarios, y no hay reglas fijas sobre cómo hacerlo. No obstante, te ofrezco algunos consejos generales que pueden ayudarte.

1. Sesiones de entrenamiento. Recuerda que todas las sesiones de entrenamiento y ejercicios tienen un propósito, los fáciles y los difíciles. Sigue la secuencia de tu programa semanal así como los ejercicios y las intensidades asignadas. La secuencia y el espaciamiento de las carreras es muy importante, pues toman en consideración los efectos del entrenamiento y tus necesidades de recuperación según el día, la semana y el mes. Todo tiene un propósito, todo funciona en conjunto con lo demás. Como regla general, si no puedes realizar una o dos carreras en la semana, no hay problema, continúa con el programa de la semana y no intentes reponer los ejercicios no realizados. Si pierdes más de dos sesiones de entrenamiento en una semana, lo mejor es repetir la semana entera y recorrer todo el programa. No cambies los ejercicios ni modifiques la secuencia.

2. Escucha y sé inteligente. Nadie conoce tu cuerpo mejor que tú. A veces necesitarás dejar de lado una carrera o tomarte un día de descanso, ya sea porque no te sientes bien o porque quizá sentiste un ligero tirón en el muslo durante tu última carrera. Escucha a tu cuerpo y comprende la situación. Cuando mis atletas están enfermos o simplemente no se sienten bien les ordeno que se tomen el día libre, o al menos que hagan un entrenamiento ligero. Por otra parte, hay una diferencia entre sentirse mal o enfermo y simplemente no tener ganas de hacer una carrera o un ejercicio. Toma conciencia de esta diferencia. Sé paciente también; muchas veces, al empezar un programa nos sentimos entusiasmados y queremos hacer más de lo que está programado. Jala las riendas y regula tu trabajo a lo largo de cada semana, de cada mes. Al igual que en una carrera, no es conveniente empezar demasiado rápido para luego agotarse hacia el final. Ten confianza en el proceso.

3. Constancia. En lo que se refiere al desarrollo de habilidades y a la condición física, la constancia es fundamental. Que esta sea tu motivación para correr siempre que puedas, incluso cuando no tienes ganas ni de salir de tu casa. En primer lugar, te sentirás mejor cuando lo hayas hecho, además de que estos días compensan en gran medida aquellos en que las situaciones imponderables, las lesiones o la enfermedad se cruzan en el camino. Y como siempre se interponen, haz siempre lo que puedas hacer, incluso si es mucho menos de lo que tenías programado. Una carrera relajada de 30 minutos es mejor que no hacer nada debido a que no encontraste el tiempo necesario para correr los 60 minutos que tenías programados. Insisto: algo es mejor que nada. Muchos atletas creen que si no tienen tiempo para realizar todos los ejercicios programados, es un día perdido y no vale la pena ejercitarse aunque sea un poco. Eso es falso. Veinte o 30 minutos de ejercicio son una gran contribución en favor de la constancia.

4. Lleva un registro de tu entrenamiento. Escribe lo que haces cada día. Como entrenador he visto una y otra vez, tanto en corredores principiantes como en los experimentados, que quienes registran religiosamente lo que hacen en sus entrenamientos obtienen más éxitos. Hay algo en ese rendirse cuentas a uno mismo, y en la satisfacción de asentar lo que se hace día con día, que promueve un gran desempeño. Por esta razón, a todos mis atletas les pido que lleven un registro de su entrenamiento. Si eres de los que les gusta la tecnología, en internet hay muchos sistemas para el registro de carreras. También puedes hacerlo a la antigua: lleva un diario, anota lo que hiciste ese día e incluye algunos comentarios sobre la carrera: qué tan larga fue, en dónde, cómo te sentiste, qué aprendiste, y si tomaste conciencia de algo.

5. Dificultad. A lo largo del programa las cosas se pondrán difíciles, pero no confundas dificultad con incapacidad de tu parte. Para mejorar es necesario forzar los músculos y el cuerpo. Créeme, conozco ese sentimiento, esa frustración, esos «es muy difícil», «no debería costarme tanto trabajo», «no puedo hacerlo».

Siempre que tengas estos sentimientos, estos pensamientos, detente y reconócelos. Luego ve la dificultad como una oportunidad para mejorar física y mentalmente.

6. Alimentación. A mis atletas les digo una y otra vez: «estás a solo una buena elección de enderezar el rumbo». Si tomaste una mala elección que no está en sintonía con tu declaración de misión, concéntrate en hacer una buena en tu próxima comida.

Tu personalidad como corredor

Como entrenador he descubierto que es esencial comprender la personalidad atlética de los deportistas con quienes trabajo. Así como observo y tomo nota sobre aspectos físicos como la zancada y los movimientos de brazos de un corredor, su flexibilidad y equilibrio muscular, también tomo nota de sus aspectos sicológicos. Estos elementos no son inmutables, y evidentemente no predeterminan todo, pero me ayudan a establecer la mejor manera de trabajar con ese atleta. ¿Qué clase de corredor eres tú? Ve si alguno de los cuatro tipos de corredor descritos abajo se adecua a ti. Luego, toma en consideración los consejos sobre cómo abordar el entrenamiento autorregulado según tu personalidad.

1. El perfeccionista

- ► *Características.* Se concentra en los detalles. Planifica todos sus ejercicios y carreras kilómetro por kilómetro y minuto por minuto. Le encantan los programas y las listas, y registra meticulosamente su actividades. Muchos tienen una fuerte necesidad de contar con un entrenador.
- ► *Qué lo motiva.* La mejoría mesurable y la destreza. Los perfeccionistas necesitan saber que están mejorando, adquirir todo el conocimiento posible, hacer todo lo que puedan para mejorar, alcanzar todos los *checkpoints*. Les

emocionan los nuevos retos que descubren al investigar y aprender.

► *Qué lo estresa.* El clima, las enfermedades, las lesiones; cualquier interrupción de su entrenamiento, cualquier cambio de planes. Necesitan escuchar a su cuerpo en los momentos en que están estresados y aceptar que pueden tomarse un día libre aun cuando no esté programado. A veces los perfeccionistas pueden sentirse frustrados con desafíos a los que no están acostumbrados y pueden producirles una sensación de fracaso. Puede obsesionarse por saber cómo resultarán las cosas y cuáles serán los resultados de su entrenamiento o de sus carreras.

► *Su entrenamiento autorregulado.* Este tipo de corredor debe aprender que escuchar al cuerpo es tan importante como seguir un programa. Los perfeccionistas deben aprender a ser flexibles e incorporar a sus rutinas variaciones y tiempos de recuperación para no quedarse estancados. Necesitan aceptar lo inesperado así como nuevos retos para el cuerpo y la mente.

2. El impulsivo

► *Características.* Le gusta tomar las riendas. Le encantan las carreras y los ejercicios que representan un desafío, y empezará a hacerlos con o sin preparación convencional.

► *Qué lo motiva.* Los resultados, dar el siguiente paso. Disfruta el factor social de los desafíos, pensar en grande y ser el centro de atención.

► *Qué lo estresa.* Los retrasos, el tiempo de recuperación, hacer las cosas poco a poco. «Si no estás mejorando, estás mejorando».

► *Su entrenamiento autorregulado.* Este tipo de corredor requiere frecuentes desafíos, pero estos deben programarse a partir del trabajo de cimentación, de manera que sus habilidades sigan aumentando. Necesitan evitar el exceso de trabajo. Deben descubrir los beneficios de seguir el trabajo estructurado de manera que no se esfuercen demasiado, demasiado pronto.

3. El sociable

- ▶ *Características*. Le gusta la interacción con sus compañeros de entrenamiento y con el grupo. Su desempeño varía en la misma medida que el de sus pares.
- ▶ *Qué lo motiva*. Las relaciones sociales y la camaradería. El sentido de pertenencia.
- ▶ *Qué lo estresa*. Una atmósfera competitiva o centrada en el desempeño.
- ▶ *Su entrenamiento autorregulado*. Este tipo de corredor necesita definir unos objetivos personales que vayan más allá de la interacción grupal. Los corredores sociables pueden beneficiarse del trabajo con un compañero que lo anime a elevar su nivel de desempeño. Necesitan un programa que incluya una cantidad suficiente de carreras a solas. Organiza a tus compañeros de entrenamiento para realizar rutinas en grupo. Hazles saber qué entrenamiento necesitas y utiliza tu creatividad para incorporar rutinas personales al trabajo del grupo.

4. El espíritu libre

- ▶ *Características*. Aventurero. Es creativo, le gusta la diversidad y los desafíos. Le gusta correr por muchas razones aparte de los factores de competitividad y acondicionamiento. Puede mostrar una combinación de las características de los otros tipos.
- ▶ *Qué lo motiva*. Las sensaciones inmediatas, físicas y emocionales, de correr. Las experiencias nuevas. El compromiso. El proceso mismo de crear nuevas aventuras así como el

entrenamiento y la preparación que conllevan. Disfruta el proceso tanto como el resultado o el éxito. A los espíritus libres los motiva la diversidad.

▶ *Qué lo estresa.* La rutina. Una vida estresante o ajetreada que les impida correr con regularidad.

▶ *Su entrenamiento autorregulado.* Este corredor necesita incorporar variedad a su entrenamiento mediante el cambio de rutas, de compañeros de entrenamiento, o entrenando con actividades lúdicas y de aventura. Los espíritus libres pueden valerse de eventos especiales, desafíos y carreras como motivación para seguir alguna especie de entrenamiento estructurado.

Apuesto que es divertido —y tal vez un poco inquietante— reconocerte en alguna de estas descripciones. Pero este reconocimiento y autoconciencia te ayudarán más adelante. Así pues, ya tienes una buena idea de cómo integrar todo y cómo autorregularte. Déjame pagar la cuenta y saldremos a la montaña, donde tendremos tiempo para profundizar acerca de la conciencia —fundamental para la autorregulación—, e iniciar el viaje de descubrimiento de tu hazaña increíble.

8

ATLETISMO = CONCIENCIA

AL SALIR DEL BUNNERY subimos a mi camioneta y nos dirigimos al oeste, a través del río Snake y en dirección al puerto de montaña del Teton. Se trata de una carretera empinada y sinuosa, y verás cómo los ciclistas nos rebasan zumbando como si fueran haces de luz.

Durante el invierno, las laderas que nos rodean son un paraíso para los esquiadores. Al alba, muchos madrugadores de Jackson dejan sus vehículos en la cima del puerto, con las botas puestas y los esquís a la espalda ascienden caminando 518 metros de altitud, y finalmente se deslizan por la nieve fresca y entre los árboles. Luego, piden aventón para volver a sus vehículos y se van a trabajar. Una buena manera de empezar el día, ¿no crees?

Hoy haremos un recorrido largo en la camioneta, pero te prometo que valdrá la pena. Haremos una larga carrera hasta una cima contigua a la montaña Tayor, por arriba de los 3 000 metros de altitud, que seguramente tus piernas y pulmones disfrutarán. Ahí tendremos tiempo suficiente para correr hombro con hombro y platicar de por qué y cómo debemos entrenar la mente para realizar nuestra hazaña increíble. Trata que tus pensamientos no divaguen, al menos no todavía. Hablaremos de cosas muy trascendentes, cosas difíciles de entender, así que te pido que prestes mucha atención y que confíes en que voy a conducirte por el camino correcto, literal y metafóricamente.

Pongámonos en marcha. Empezaremos en la salida del Coal Creek. Presta atención a lo largo del camino; fíjate si hay osos y mantén la vista en el sendero. Hay muchas raíces de árboles y piedras que tendremos que esquivar. Mantente consciente, muy consciente. Como atleta y entrenador siempre he creído que debemos entrenar a la mente tanto como el cuerpo. Desde niño entendí de manera intuitiva la importancia de la conexión mente-cuerpo en el deporte, así como en la vida. La atención a este vínculo me ha permitido alcanzar muchos de mis objetivos, y lo mismo les ha ocurrido a mis atletas. Tú también puedes hacerlo.

La experiencia y el tiempo son grandes maestros para un entrenador. Luego de entrenar durante miles de horas a todo tipo de personas he aprendido a reconocer los movimientos correctos e incorrectos de mis atletas. Para estas alturas ya lo hago automáticamente, y puedo hacerlo también con su manera de pensar. Yo entreno a personas que piensan bien y que piensan mal, a quienes no ven obstáculos y quienes los ven a cada paso. Cada día veo cómo estas concepciones influyen en sus sesiones de entrenamiento y, en última instancia, en sus carreras.

Todos sabemos que el cuerpo sigue a la mente. Una y otra vez he visto atletas de condición física modesta pero actitud mental férrea —personas conscientes de sus pensamientos y de objetivos claros, que no interpretan las dificultades como fracasos— barrer de la pista a atletas físicamente más aptos pero paralizados por el miedo, las dudas y la incertidumbre acerca de sus objetivos. El cuerpo reacciona a nuestras emociones y a lo que nos decimos a nosotros mismos, y sin embargo, pocas veces tenemos conciencia de lo que nos decimos. En consecuencia, no podemos esperar que esta comunicación sea clara o respetuosa.

Con el tiempo he aprendido a identificar las flaquezas en los pensamientos de mis atletas con tanta facilidad como las de sus movimientos. Y no es física cuántica ni clarividencia; es simplemente conciencia. Si escuchas cuidadosamente la manera en que habla un corredor —de su carrera más difícil, de su competencia más reciente; durante el entrenamiento o durante una competencia— podrás ver su mundo interior. Ese diálogo, sus pensamientos, se han convertido en un hábito, tal como una forma inadecuada de correr. Con el tiempo, estos hábitos de pensamiento, buenos y malos, se consolidan, y a los ojos del atleta se convierten en verdades. Escucha cómo hablan los demás corredores y observa cómo corren. Puedes aprender a identificar los problemas y las virtudes en su manera de correr, y puedes empezar a escuchar cómo sus pensamientos benefician o perjudican su desempeño. Hay mucho que aprender.

Lo cierto es que la mayoría hemos perdido esa convicción de posibilidades ilimitadas que teníamos cuando niños. Simplemente sabemos demasiado, o al menos eso creemos, y en consecuencia nos frenamos sin intentar siquiera alcanzar nuestras metas.

Yo digo que ya basta.

Como dijo Aldous Huxley, «La experiencia no es lo que te ocurre; es qué haces con lo que te ocurre». Esta es una idea maravillosa y quisiera darle un giro personal: «Lo importante no es lo que pensamos; es qué hacemos con lo que pensamos».

Lo maravilloso es que podemos aprender a entrenar nuestra mente de la misma manera en que entrenamos las piernas, los pulmones y el corazón. He desarrollado un sistema que te permitirá no solo controlar tus temores sino sacarles provecho. Son métodos que se valen de visualizaciones, mantras y rituales y que te proporcionarán todo lo necesario para identificar y llevar a cabo tu hazaña increíble. Gracias a estas lecciones, muchos de mis atletas descubrieron un poder desconocido que les permitió hacer cosas como calificar para el maratón de Boston o ganar campeonatos mundiales. Ese desempeño máximo, ese ultramartón, esa gran carrera —ya sea en la pista o en la vida— también están a tu alcance.

Pero primero hay unas cosas más que debemos comprender.

Riesgos y virtudes del pensamiento

Estás corriendo bien. Tienes una buena pisada con el antepié y libraste esos recodos como un campeón. Siente cómo usaste esa fuerza en tus pies, cómo se estabilizó tu cuerpo. Ahora vamos por un sendero largo y uniforme entre los pinos, pero se siente frío: el otoño se acerca. Esos robles se pondrán rojos y los álamos, amarillos. Pronto llegará la temporada de esquí, y estos caminos quedarán enterrados bajo una capa de nieve demasiado alta como para correr, eso es seguro. Por otra parte, si te gusta esquiar, verás que la condición que has desarrollado se manifiesta también en otros deportes.

Pero quedémonos por lo pronto con este, pues debo hacer una declaración: si lo deseas, tú puedes convertirte en el corredor que siempre has soñado ser. Y eso incluye cualquier fantasía, incluso la de correr ultramaratones de 241 kilómetros. ¡Cuidado, no te salgas del camino! Sigue derecho. No perdí el juicio; hago esa declaración para demostrar algo. Además de poner en duda mi salud mental, apuesto que te planteaste una pregunta (inmediatamente después de «¿Le estará afectando la altura a Eric?») que todos nos planteamos cuando estamos frente a un reto.

¿Podré lograrlo?

Si intentara terminar una carrera de 241 kilómetros, ¿dónde se desplomarían mis piernas; cuándo empezaría a delirar; en qué kilómetro explotaría mi corazón? Aunque bromeo, se trata de un asunto importante. Los seres humanos queremos conocer el resultado de las cosas incluso antes de empezar a hacerlas. Tenemos el deseo innato de conocer la respuesta a «¿qué pasaría si…». No obstante, al principio de cualquier aventura es imposible saber qué pasará. Nadie tiene una bola de cristal, y si la tuviéramos, estoy seguro de que no serviría de nada. Ningún resultado está garantizado, así que, ¿por qué no empezar simplemente por el gusto de iniciar una aventura?

A menos que ya hayas terminado un ultramaratón, o hayas estado cerca de hacerlo, sospecho que tu respuesta a mi declaración de que puedes terminar una carrera de 241 kilómetros fue simplemente: «No, no puedo». Tú viste el desenlace; predijiste que te derrumbarías en el 10, 20, 30 o el que sea. Por supuesto, dependiendo de tu condición física y experiencia, es posible que tu respuesta hubiera sido la misma si yo hubiera dicho que puedes terminar una carrera de 10 kilómetros o un medio maratón.

Esta manera de pensar, esta necesidad de saber, a menudo determina lo que intentamos lograr. Como no podemos conocer el futuro, decidimos que este o aquel deseo están fuera de nuestro alcance. En cierto sentido es un mecanismo de defensa que nos mantiene a salvo del fracaso. Para evitarlo, nos planteamos metas demasiado fáciles, nunca emprendemos el camino para alcanzar las difíciles, o ambas.

¿Por qué? Porque tememos al fracaso y a lo desconocido. El temor es un motivador poderoso. Se presenta en muchas formas y tamaños, desde demonios internos hasta amenazas externas. La mayoría de nuestros temores surgen de la experiencia. Decimos, por ejemplo: «Quiero correr un maratón, pero siempre me empieza a doler la cadera después del kilómetro ocho». Si tú respondes algo por el estilo, sospecho que lo único que ves cuando piensas en correr un maratón es en el fracaso. Como no estás seguro de poder hacerlo y tienes miedo de sufrir si lo intentas asumes que no puedes, pero esa suposición no es más que una manifestación de tu necesidad de conocer el desenlace. Como es imposible conocer el futuro, intentas predecirlo valiéndote de tus experiencias anteriores. Tu necesidad de saber manipula tu pensamiento, que a su vez impide que intentes siquiera correr el maratón. Con el tiempo, dejas incluso de plantearte el asunto de la necesidad de saber; simplemente empiezas a creer que ese objetivo es imposible. El temor se transforma en creencia. Es un ciclo que se perpetua a sí mismo y que comienza y termina en nuestra mente.

Veo que estás sonriendo; la conclusión de todo esto es que el pensamiento, el temor a fracaso y a lo desconocido, no es real, es una elucubración de nuestra mente, un efecto secundario de nuestras experiencias y temores «fabricados». Solemos considerar que los pensamientos son verdades innegables, pero no lo son; nosotros creamos esos pensamientos, y solo son reales en la medida en que se lo permitimos. Intenta ver tus pensamientos como si fueran una parte más de tu cuerpo, como tus piernas o tus brazos. Tú ya has adquirido conciencia de cómo pisas con el antepié, y quiero que adquieras la misma conciencia de cómo tus pensamientos son algo distinto de ti y de lo que tú eres. El poder de este conocimiento reside en lo siguiente: si nuestros pensamientos no son la realidad y son solo lo que nosotros hacemos de ellos, entonces somos capaces de crear historias positivas tanto como negativas. Tenemos la capacidad de elegir. Podemos establecer en nuestra mente lo que nosotros queramos: cruzar la línea de meta, correr al máximo de nuestra capacidad. Cuando nuestro pensamiento se queda atascado en una historia negativa se convierte en un obstáculo; cuando cuenta una historia positiva se convierte en una herramienta muy poderosa. Si los pensamientos negativos se basan en experiencias negativas, también podemos buscar en el pasado experiencias buenas para crear pensamientos positivos que nos ayuden con los desenlaces futuros.

Antes de que pongas en tela de juicio tu capacidad de eliminar todos los pensamientos negativos, detente. Eso no es lo que estoy pidiéndote que hagas. No hay medicina ni método de entrenamiento que te permita llenarte exclusivamente de historias felices y positivas que te lleven al éxito. Siempre habrá temores porque siempre habrá miles de cosas desconocidas. Por eso no debemos esperar que estos desaparezcan; lo que queremos es aceptar nuestros temores, darnos cuenta de que no son reales, y entonces dejarlos de lado y ponernos en marcha hacia nuestra hazaña increíble.

Muchas personas creen que los grandes atletas han logrado librarse de los pensamientos negativos, que de alguna manera son superhumanos y están en un plano distinto al de los simples mortales. Yo he conocido a muchos de esos «superhumanos» y tienen temores y dudas iguales a las tuyas. Sin embargo, su manera de abordarlos es diferente, y muchas veces lo que hacen es convertirlos en ventajas.

En vez de intentar eliminar los temores y las historias negativas que te cuentan, haz algo distinto: toma conciencia de ellos, identifica lo que son —solo pensamientos— y sigue adelante. Si eres capaz de lograr esto, así como de crear historias positivas, habrás adquirido la habilidad de lograr y vivir la vida que quieres.

En el flujo

¡Ra, ra, ra! Plática motivacional. Espero que lo sea para ti, aun si no te sientes convencido. No espero que lo estés (todavía). La demostración está en la práctica. Tienes que verlo por ti mismo. De otra manera, son solo palabras. Si no las pones en práctica te olvidarás de ellas, al igual que de mis lecciones sobre la forma correcta de correr. Una cosa es decirte cuál es la manera de correr, y otra muy distinta que tú la practiques día tras día, consolides tu forma y compruebes cómo adquieres velocidad y resistencia. Debes actuar de la misma manera con tus pensamientos. ¿Puedes empezar a considerar que si separamos nuestros actos de nuestros pensamientos, cualquier cosa es posible?

Desacelera un poco. No sé si lo notaste pero apretaste bastante el paso durante esa plática sobre superar los miedos y crear historias positivas. Esto es algo que genera mucho poder, en especial cuando empiezas a notar la manera en que el cuerpo escucha los pensamientos.

La primera vez que experimenté está conexión fue cuando era niño. Fue la noche anterior a un juego de las ligas menores y yo estaba muy emocionado. Había dos cosas en mi mente: primera, el temor de abanicar el *bat* y de que me poncharan; segunda, el ferviente deseo de marcar un *home run*. En vez de concentrarme en lo primero, me dediqué a pensar en lo segundo. Pensé en que llegaría a la caja de bateo, me lanzarían la pelota y ¡*pam!*, con un golpe seco la mandaría hacia el jardín izquierdo y por encima del muro. Hasta la vista, *baby*. Antes de ir a la cama le dije a mi madre que eso era exactamente lo que ocurriría al día siguiente, y así fue.

La pelota salió disparada desde mi *bat* como nunca antes lo había hecho.

¿Cómo ocurrió esto? ¿Cuál es la conexión entre la mente y el cuerpo? ¿Cómo le hice para superar mis temores y ubicarme en un lugar donde todo esto era posible? ¿Fue solo cuestión de suerte, o se debió a un tiro lento o a la intensidad del viento?

Yo tenía 13 años y no podía responder a ninguna de estas preguntas, pero sí reconocí pese a mi corta edad que mis pensamientos me habían ayudado a crear y a determinar mi desempeño y el desenlace.

Pero me estoy adelantando. He comprobado con mis atletas y conmigo el papel tan importante que juega la mente en la realización de nuestros objetivos, y quiero llevarte por ese sendero lo antes posible.

Vamos a bajar la velocidad un poco más; de otra manera te agotarás al correr en estas montañas con tanta intensidad. Deja que el sendero venga a ti, y no dejes de saltar sobre esos troncos imaginarios. Quiero compartirte un poco más de la filosofía de Eric Orton, y muy pronto empezaré a darte consejos prácticos, cosas que puedes empezar a hacer incluso desde este momento, mientras corremos.

Espero que comprendas que nuestras pensamientos, aunque son fabricaciones, están vinculados a nuestros actos. Giran unos alrededor de los otros, formando un ciclo en el que se alimentan mutuamente, ya sea positivo o negativo, dependiendo de las historias que estemos contándonos. Pero tú puedes romper este ciclo, controlarlo, y la clave para hacerlo es la conciencia.

En el primer día que trabajamos con los aspectos fundamentales de la forma, hubo un momento en que estuviste completamente «en el flujo». Ibas corriendo por la pista a paso relajado, concentrado en pisar con el antepié, en respirar con regularidad, en levantar las rodillas, en la posición de arco y flecha de la pierna de apoyo, y en el movimiento de tu brazos. A juzgar por tu mirada, no había ninguna otra cosa en tu mente. Estábamos en el presente; todas tus inseguridades acerca de no tener la fuerza o la capacidad necesarias desaparecieron. Estoy seguro de que sentiste que el tiempo se hacía más lento, que la distancia y el cansancio carecían de importancia. La conciencia te permitió entrar en el flujo, y fue algo hermoso.

En vez de concentrarnos en lo que hace tu cuerpo, podemos dirigir el mismo nivel de conciencia a lo que ocurre en tu mente, lo que nos liberará del temor y nos permitirá elegir el futuro que queramos.

¿Cómo, por qué, qué?

Ya sea que te des cuenta o no, tu mente constantemente está revolviendo pensamientos e interpretando el mundo que te rodea, a menudo con base en tus experiencias pasadas. Sin que te des cuenta, constantemente estás hablando contigo mismo. A menudo se trata de una plática negativa sobre tu deseo de alcanzar un resultado y tu incapacidad para hacerlo. Como ya dije, esto provoca que renuncies o que te pongas metas demasiado fáciles. Todo esto ocurre todo el tiempo, la mayoría de las veces de manera subconsciente, debido a que los patrones de pensamiento ya están muy arraigados.

Ahora bien, tan pronto tomas conciencia de estos pensamientos, tan pronto te sintonizas con esa plática, se detiene. En ese instante entras en el flujo, dejas de anticipar algún futuro o de definirlo con base en el pasado. En vez de fabricar más pensamientos ahora puedes evaluarlos en su justa medida: como historias creadas por ti. No son reales. Una vez que hayas tomado conciencia de esto puedes decidir lo que quieres hacer, y es una decisión que no se basa en el temor sino en tus objetivos. Ya no estarás reaccionando a tus pensamientos; estarás actuando para cumplir tus deseos.

Déjame darte un ejemplo sencillo de cómo funcionó esto con uno de mis atletas y luego, con ayuda de algunos ejercicios, te mostraré cómo puedes ponerlo en práctica. ¿Recuerdas el ejercicio del escorpión en el programa de fuerza?

Hace unos años vino un corredor de Pennsylvania a entrenar conmigo. Era relativamente atlético, tenía una condición física relativamente buena, dentro del promedio de los corredores que suelen estar en la línea de salida de los maratones. Este corredor sufría dolores en la rodilla y quería incrementar su capacidad y quizá incluso participar en un ultramaratón. Era evidente que tenía algunos problemas de estabilidad, de rango de movimiento y de activación del glúteo medio, pero nada que no pudiera solucionarse.

Trabajamos las primeras etapas de los ejercicios con tabla inclinada. Todo marchó bien. Luego empezamos los ejercicios dinámicos con la pelota de ejercicios. En el escorpión, la primera vez que intentó girar la cadera y flexionar la rodilla hacia el brazo del lado contrario, acabó en el suelo. Lo intentó de nuevo y no se cayó, pero la forma no era la adecuada. Era un hombre competitivo, así que lo intentó una y otra vez, pero no logró hacerlo correctamente. Me di cuenta de que se sentía frustrado, y más tarde él mismo lo expresó de manera inequívoca. Seguimos adelante.

Dos días después, estábamos trabajando de nuevo en el programa y llegamos al escorpión. Él no quería hacerlo; quería dejarlo para después, tal vez unos meses después, cuando hubiera desarrollado más habilidades atléticas. Le dije que estaba bien, pero en ese momento le pedí que se sentara. Él me miró con ojos extrañados, y yo le devolví una mirada sin expresión. Él cerró los ojos; entonces le pedí que se concentrara en la plática que estaba desarrollándose en su cabeza acerca del escorpión.

«No juzgues tus pensamientos», le dije. «Son solo eso, y los pensamientos negativos no te hacen una mala persona. Todos los tenemos. Simplemente toma conciencia de ellos».

Él me contestó: «Estoy pensando: "No necesito este ejercicio. Mis muslos están demasiado rígidos. Esto no me ayudará a ser un mejor corredor. Voy a hacer los movimientos pero nunca me saldrá bien"».

Luego le pedí que pensara en el porqué de estos pensamientos. ¿De dónde provenían? Él fue muy honesto; dijo que era supercompetitivo y que prefería no hacer el ridículo al no poder hacer algo que los demás sí podían hacer.

Fue en ese preciso instante que tomó conciencia de sus pensamientos. Impidió que siguieran dando vueltas y vueltas en su mente y que siguieran derrotándolo. Su frustración era resultado de su temor al fracaso. ¿Puedes sentirte identificado con esto?

Entonces le dije: «¿Qué importa si no puedes hacer el escorpión en este momento? ¿Seguirás intentándolo? ¿Seguirás trabajando para lograrlo? Puedes conservar tus pensamientos negativos o generar otros nuevos que digan: "No es que yo sea un inútil; es que el ejercicio está hecho para desarrollar habilidades nuevas". Puedes empezar haciendo uno correctamente y tal vez en unos meses seas capaz de hacer diez».

Ahora estaba en posición de elegir con base en la conciencia y no en su temor de hacer el ridículo frente a mí. Esto lo ayudó a ponerse en marcha. Ha pasado mucho tiempo y ahora es un maestro de los escorpiones. La verdad es que fue algo sencillo para él. Hay otros ejercicios que le hubieran aportado los mismos beneficios que el escorpión y yo pude asignarle alguno de ellos, pero lo importante era que escuchara sus pensamientos, que supiera que eran solo pensamientos y no realidades, que comprendiera cómo estaban influyendo en sus actos, y que encontrara una manera de entrar en el flujo, en el presente, para tomar decisiones informadas.

¿Recuerdas al Gran Gazoo de *Los Picapiedra*? Era un pequeño extraterrestre flotante de piel verde y casco gigante que constantemente estaba susurrando al oído de Pedro, diciéndole que hiciera esto o aquello. Puede sonar ridículo, pero de alguna manera todos tenemos nuestros propios gazoos que llevan a cabo este diálogo interno a lo largo de toda nuestra vida y que nadie más puede escuchar. Si permitimos que nuestro Gazoo decida por nosotros viviremos de manera no consciente, y las más de las veces dejando que nuestros temores dirijan nuestras vidas. Toma conciencia de tu gazoo personal, acalla su voz y elige tu camino con base en tus objetivos generales y no en tus miedos.

Comienza por escuchar tus propios pensamientos. Observa en qué medida tus acciones parten de ellos. Pon a prueba esta filosofía en este momento y en los días venideros.

Por ejemplo, ¿qué está ocurriendo en este preciso instante en el sendero de Coal Creek? Hemos llegado a una pradera; cientos de mariposas vuelan a nuestro alrededor. Ya vamos a más de la mitad del camino hacia la cima. Sí, aquella que parece casi vertical; ahí es a donde nos dirigimos.

Respiras trabajosamente, incluso a esta velocidad menor. ¿Estás pensando que estás cansado y no sabes cómo continuarás subiendo 460 metros de altitud? Sí, eso es lo que estás haciendo hoy. Un ascenso de 6.4 kilómetros y más de mil metros de altitud. ¿Te preocupa no ser capaz de seguirme el paso o tener que hacer más descansos? ¿Piensas que tal vez no seas capaz de lograrlo?

Analiza esos pensamientos porque son temores acerca del desenlace. Tú no puedes saber con certeza si tendrás que cubrir caminando el último tramo hacia la cima, pero esta preocupación se basa en tu necesidad de saber. Rompe el ciclo de esos pensamientos y toma conciencia del ahora. Revisa tu velocidad, tu respiración, tu forma, tu pisada. Evalúate. Concéntrate en lo que puedes hacer ahora y no en lo que ocurrirá cuando lleguemos a la parte zigzagueante del sendero en nuestro camino a la cima. La elección que puedes tomar ahora, en este instante, es de qué manera correrás los próximos 15 metros de altitud. Disfruta el viaje, no la llegada a la meta.

Sé como Chris Sharma. ¿Te suena el nombre? Es uno de los mejores alpinistas del mundo. En cierta ruta de España hizo cien intentos infructuosos antes de alcanzar una cima. Cien intentos, una ruta, sin cuerdas, y cada vez que fallaba caía 9 o 12 metros hacia el agua. Chris disfrutaba ver qué tan lejos llegaba cada vez. Aprendió a disfrutar lo que los alpinistas llaman el proyecto, la tarea actual. Piensa en Chris Sharma cada vez que te embargue el miedo de terminar una carrera o una sesión de entrenamiento. Piensa en Chris y concéntrate en la manera en que tu pie hace contacto con el suelo en el paso que estás dando.

Más adelante, cuando trabajes en tu desintoxicación de 20 días, presta también atención a tus pensamientos. Recuerda: no los juzgues, no los califiques de correctos o incorrectos. Simplemente toma conciencia de lo que te dices a ti mismo. Si lo consideras necesario, escríbelo en un papel. Observa cómo las emociones, las creencias y los sentimientos se manifiestan en nuestros pensamientos cuando tratamos de tomar decisiones correctas respecto de nuestra alimentación. Esto se acentúa durante la intoxicación debido a que es concentrada, estructurada y, francamente, difícil.

¿Te dices cosas como estas?: «No vale la pena; nunca he tenido problemas con mi alimentación», o «Esto es una locura; no puedo seguir haciendo esto durante tres semanas; tengo muchas otras cosas en qué pensar; no puedo ser tan quisquilloso en los restaurantes; ¿acaso no merezco un postre?; ¿qué tan malo puede ser?».

¿Eres capaz de «ver» estos pensamientos, tomar conciencia de ellos como tales, como pensamientos, y no como verdades? ¿Notas cómo se detienen y pierden su poder tan pronto tomas conciencia de ellos y los identificas? Entonces puedes decidir; ser la persona que quieres ser es solo cuestión de elecciones.

Practica este juego: ve qué tan rápido puedes identificar estos pensamientos a lo largo del día. No te preocupes; la presencia de voces dando vueltas en tu cabeza no significan que estás loco. Todo el mundo lleva a cabo ese diálogo interno, pero algunos tienen la conciencia suficiente para romper el ciclo de su poder. La intención no es eliminar los pensamientos negativos ni modificarlos siquiera. Estos se presentarán —como lo hacen en todos— pero puedes aprender a identificarlos, a escucharte, y a darte cuenta de que son solo pensamientos y de que no tienen influencia en tus actos ni en lo que eres en realidad, a menos que tú se lo permitas.

Ahora sumérgete un poco más. Conversa con ellos. «Me pregunto por qué estoy pensando eso. ¿Por qué estoy pensando que necesito una *pizza*? ¿Por qué no tengo ganas de correr hoy? ¿Por qué siento la necesidad de correr ahora que es mi día de descanso?». Observa tus pensamientos y sigue tu camino. No permitas que influyan en tus actos o en lo que sabes que necesitas hacer para alcanzar tus metas del día y de los días siguientes.

Mientras más lo hagas, más tiempo permanecerás en el flujo. Como ya dije, haz que este ejercicio de escuchar tus pensamientos sea un juego. Puedes decir: «Ah, ahí está de nuevo». Y está bien si las historias negativas vuelven una y otra vez (puedes estar seguro de que lo harán). Lo importante es que reconozcas lo que son. Cada vez lo harás mejor. Este tomar conciencia de tus pensamientos y avanzar dejándolos de lado no es distinto de ejercitar un músculo. Poco a poco te harás más fuerte.

Ahora mismo te ves muy fuerte subiendo los últimos 15 metros por un sendero que quema las pantorrillas y abrasa los pulmones rumbo a la cima. Estás en el flujo.

Ahora bien, ¿cuántas veces has escuchado o incluso sentido que estabas «en la zona»? Ya sabes, cuando durante una carrera larga o muy intensa sentías que todo lo que hacías estaba bien hecho. Todo te salía bien como por arte de magia. Podías ver todo, a todos, lo que habías hecho y lo que necesitabas hacer. Eras imparable pero no hacías juicios al respecto. Tampoco te regodeabas en ello. Simplemente estabas en paz, eras uno con lo que estabas haciendo y no podías fallar. La canasta de basquetbol por alguna razón era más ancha. Tus competidores eran más lentos. Podías anticipar sus movimientos y saber adónde iría el balón mucho antes de que llegara ahí. Eras más fuerte, rápido, estabas concentrado y lleno de energía. Respirabas sin dificultad y tus músculos estaban tan frescos como al principio. El mundo, todo aquello fuera de la cancha, de la pista o del estadio, había desaparecido. Estabas en el momento y, al mismo tiempo, por encima de él.

Hermoso, ¿cierto? Sublime. A todos nos encanta estar en la zona, y sin embargo, la manera de alcanzar este estado perfecto sigue siendo un misterio. Implica muchos factores y es impredecible y frustrantemente elusivo. Puede ser que estés alcanzando un nuevo nivel en tu condición atlética. Puedes ser que tus éxitos anteriores reafirmen tu confianza. Puede que te sientas energizado por el público o por una palabra de un amigo. Estos factores y muchos otros pueden contribuir a que accedas a ese rango especial del desempeño.

No obstante, considero que hay un elemento que siempre está presente y que es indispensable: estar en el flujo. Muchas personas usan estos términos indistintamente, pero mara mí, estar en la zona no es lo mismo que estar en el flujo. De hecho, estar en el flujo es lo que nos permite llegar a la zona y es requisito para hacerlo. Estar en el flujo significa estar plenamente atento en el momento presente, al contacto de tu pie con el suelo al dar una zancada, a tu respiración, a tu postura, a tu cuerpo en movimiento, y a nada más. El pasado y el futuro son nada. Tan pronto como tomamos conciencia de lo que estamos haciendo o pensando, nuestros pensamientos externos se detienen. El tiempo se hace más lento debido a esta conciencia agudizada. Te parece que haces las cosas sin esfuerzo y te sientes relajado. Cuando estás ahí, cuando lo estás verdaderamente, puedes estar en la zona, donde todas tus habilidades, mentales y físicas, se combinan de manera tan perfecta que te sientes capaz de hacer cualquier cosa.

La maravilla de estar en el flujo es que, con la práctica, puedes acceder a ese estado en el momento que quieras, el día que quieras. Puedes concentrarte en el ahora en cada carrera, en cada entrenamiento.

Crea tu hazaña increíble

Siéntate en esa roca. Tómate un tiempo para asimilar ese paisaje, tal como ese halcón que hace círculos allá abajo. Sí, abajo. Estás por encima de donde vuelan los halcones, a más de 3 000 metros de altura. Hay montañas en todas direcciones, y largas hileras de pinos. Respira ese aire, limpio como el cielo azul. Hiciste una gran carrera hasta aquí. Lograste mantenerte en el flujo.

A juzgar por tu mirada parece que tienes «uno gratis». Respira; bebe un poco de agua. «¿Uno gratis?» Así es como le llamamos aquí en Jackson al mareo por altitud, gratis en comparación con el que obtendrías en un bar.

Mientras observas la belleza que nos rodea quiero hablarte de cómo la conciencia puede ayudarnos a conocer lo que queremos. Lo que voy a decirte es algo muy trascendente, así que procura asimilarlo lentamente. Mastícalo bien. Aquí va: si nuestras experiencias pasadas influyen en nuestro pensamiento presente, y este pensamiento influye en los actos que realizaremos en el futuro, entonces —aquí viene— nuestro pensamiento presente crea el futuro.

Esa es la idea central, pero concentrémonos ahora en cómo percibir y promover el futuro que deseas. La creación de tu hazaña increíble será divertida, y estamos en el lugar perfecto para que dejes a tu mente divagar. Este es el primer paso para crear lo que queremos. A mí me gusta llamarlo *ensoñación*, pero con salvedad: debes prescindir de cualquier connotación negativa de la palabra. No estamos hablando de asomarnos por la ventana con la mente en blanco y la mirada perdida. Este es un tipo distinto de ensoñación; se trata de un viaje al interior de tu mente, en el que debes seguir el sendero que se te presenta, sea cual sea. No pienses en seguir un mapa ni en alcanzar un destino en particular; no todavía.

Puedes empezar a ensoñar aquí, en la cima de esta montaña, pero quiero que lo hagas cada vez que tengas un momento de tranquilidad en tu vida diaria. A mí me gusta ensoñar en mis carreras largas, mientras escucho música, o mientras tomo mi café matutino o el té de la tarde. Todo lo que necesitas es un lugar donde no haya interrupciones. Puedes cerrar los ojos o mantenerlos abiertos; puede ser en un lugar público o en privado; puedes cruzar las piernas o no. Haz lo que sea que te resulte cómodo.

Ahora permite que tu mente deje de lado todas las cosas presentes y empiece a pensar en un objetivo que quieras lograr relacionado con las carreras, cualquiera que sea. Empieza a fantasear. Tal vez sea correr en el Gran Cañón, o hacer tu primera carrera de 10 kilómetros o de cien kilómetros; tal vez sea calificar para el maratón de Boston o las pruebas olímpicas, o alcanzar una velocidad endiablada en tus carreras.

Debes alcanzar tal grado de relajación, de tranquilidad, que las preguntas sobre si eres capaz de lograrlo resulten superfluas. Esas dudas no detendrán tu ensoñación. Por supuesto, aparecerán pensamientos negativos, pero simplemente reconócelos y continúa soñando. No te limites. Busca el sueño más grande, loco y genial que podrías imaginar para ti. Quiero que te sientas tan emocionado que se te ponga la carne de gallina. Mientras más emocionado, mejor. Deja que una sonrisa se dibuje en tu rostro mientras creas tu hazaña increíble, pues ahora no nos interesa si se concretará a o no. Simplemente crea la fantasía máxima para ti.

Deja que tu mente siga divagando; permite que tus pensamientos brinquen de un lado a otro y te lleven en diferentes direcciones. Diviértete. Evita juzgar. Procura, en la medida de lo posible, buscar un objetivo mesurable más que una emoción o un estado del ser. Por ejemplo, si tu sueño es «Quiero estar saludable», está bien pero ve un paso más allá. ¿Qué meta específica te haría sentir que has alcanzado un nivel de salud que jamás creíste posible para ti? Sigue adelante. ¿Qué cosas te emocionan, qué ambición te vuelve loco?

No dejes de soñar en los siguientes días, semanas y meses, el tiempo que sea necesario. Aprende a disfrutar y a divertirte con esta experiencia. Aquí no hay reglas. Sueña cómo sería tu carrera más maravillosa o tu vida más maravillosa. Permite que tu mente vaya a donde quiera ir. No intentes encauzarla hacia lo «correcto». Confía en tus instintos. Cuando tu hazaña increíble llegue a ti —pues eso es lo que encontrarás mediante esta experiencia— lo sabrás. Si se trata de un objetivo a largo plazo, genial. Si es más inmediato, maravilloso. ¿Uno de ellos es requisito para el siguiente? Perfecto. Es posible trabajar en varias hazañas increíbles al mismo tiempo. Como dije, aquí no hay reglas. Aprende a disfrutarlo, porque ahora que crear es divertido, es un juego en la vida y para la vida. ¿Qué tan grande es la vida que puedes imaginar para ti?

Hace años descubrí mi hazaña increíble mientras mi mente divagaba, y mi sueño es que haya un corredor en cada familia de Estados Unidos y más allá. Quiero propagar en todo el mundo la alegría y los beneficios para la salud que resultan de correr. Es un objetivo grande, algunos dirían que imposible. Magnífico. Es mi sueño y lo estoy viviendo.

Cuando hayas encontrado el tuyo, siente cómo te emocionas cuando piensas en él. Es algo increíble, ¿verdad? Y si sientes temor también debes sentirte emocionado. ¿Sabes por qué?

Porque el temor nos ayuda a determinar la dimensión de las cosas. Significa que tu hazaña increíble es importante para ti, que creaste el objetivo más grande y desmesurado para ti, que tiene valor. Como siempre digo, y probablemente ya me has escuchado decirlo, si parece imposible, tal vez valga la pena hacerlo. El temor es una señal positiva, y mientras evitemos que dirija nuestras acciones, puede ser una influencia benéfica en nuestras vidas. Si te sientes ansioso, nervioso o temeroso con respecto a tus metas —o incluso en el momento presente— es probable que estés creando la vida, la hazaña increíble que quieres. Si lo piensas bien, el temor es indispensable para lograr grandes cosas, cosas imposibles. Si algo no me produce temor, no me interesa, gracias. Por el contrario, mientras más miedo, mejor. Acéptalo. Disfrútalo.

Entonces, ¿es posible lograr cualquier hazaña increíble? Esa es la pregunta obvia, y me la plantean una y otra vez. Si eres honesto contigo mismo y sigues intuitivamente tus ensoñaciones, creo que la respuesta es sí. Por ejemplo, si paso la noche en vela y dejo que mi mente divague, no me imagino sentado en la Casa Blanca como líder supremo del mundo libre ni ganando la medalla olímpica de oro en lanzamiento de bala. Estas dos ambiciones, y otras perfectamente razonables para otras personas, jamás cruzan por mi mente. ¿Pero un corredor en cada familia? Para mí, esa sí es una idea digna de pensarse.

Una vez que hayas creado tu auténtica hazaña increíble estarás listo para poner en práctica las estrategias para llevarla a cabo.

El entrenamiento de la mente

Emprendamos juntos el descenso por la montaña. Estos caminos en declive hay que bajarlos pisando de lado. En este desnivel tan pronunciado hay mucha tierra y piedras que nos ponen en riesgo de caer. Un poco más abajo empezaremos a correr de nuevo. Recuerda: imagina que vas bajando en bicicleta. Nos tardamos una hora en llegar arriba pero tardaremos solo la mitad en bajar. Esto requerirá menos esfuerzo, así que tendrás tiempo para disfrutar más del paisaje. Cuando esos álamos se tornan amarillos en el otoño, las laderas parecen pintadas de oro. Aquel peñasco de la derecha, que mira hacia el este, se convierte en una majestuosa pista de esquí en el invierno.

Estoy convencido de que ser atleta es cuestión de elección, y de que todos podemos serlo, sea cual sea nuestra habilidad natural. Es una mentalidad, un estilo de vida, una decisión. Mientras descendemos, quiero que te imagines poniendo en práctica las técnicas que voy a enseñarte para entrenar tu mente atlética. En su conjunto, los mantras, los rituales y las visualizaciones son fundamentales para el desempeño atlético y para cumplir los objetivos de manera cotidiana. Son tan importantes como la forma o la fortaleza. Solo te pido que los pongas en práctica; trabaja en este nivel de conciencia a lo largo de varios meses. Nota la diferencia en tu desempeño y cómo puede reformar tu mentalidad.

El primero de los tres pasos es confeccionar un mantra.

1. Mantras

En la tradición deportiva, un mantra es una palabra o grupo de palabras que se repiten frecuentemente y promueven la concentración y el desempeño del individuo. La mayoría de los atletas de alto nivel, si no es que todos, los usan, consciente o inconscientemente. Yo te recomiendo que uses un mantra que te ayude a volver al flujo. Tu mantra será una herramienta para concentrar tu mente y aplacar cualquier pensamiento negativo que intente sabotearte.

Te recomiendo que elijas un mantra de tres palabras que describan las cualidades que necesitas para lograr tu objetivo. Pero no las escojas de manera arbitraria. Lo mejor es identificarlas preguntándote qué obstáculos se interponen en la consecución de tu hazaña increíble. Mira en tu interior y examina esos temores y pensamientos negativos que sabes que surgirán tan pronto empieces a recorrer el camino hacia tu meta. Estos son algunos ejemplos.

- ▶ Tengo muchas cosas que hacer. No tengo tiempo para entrenar.
- ▶ No tengo talento para eso.

- Soy demasiado viejo, demasiado joven, tengo muy mala condición física.
- Si empiezo a entrenar con tanta intensidad, la gente creerá que estoy loco.
- Es una absurda crisis de la edad madura. Lo que debería hacer es comprar un convertible rojo.
- Mis lesiones empezarán a molestarme otra vez.
- Tarde o temprano el dinero será un problema.
- Mis días de fuerza y velocidad quedaron atrás.

Haz esta lista lo más larga y detallada que puedas. Ve a lo más profundo de tu mente; saca a la luz esos oscuros temores. Escríbelos. Una vez terminada la lista pregúntate cuáles son tres cualidades o sentimientos que necesitas para superar y disipar estos temores cada vez que aparezcan, pues no lo harán una sola vez. Estas palabras pueden ser estados emocionales, o mejor aun, palabras que te empoderarán en esos momentos difíciles: el último tramo de la carrera, la mitad de una larga sesión de entrenamiento, la fría madrugada en que sientes ganas de quedarte en cama. El objetivo del mantra es ayudarte a concentrarte cuando tienes dificultades para permanecer en el flujo, cuando tus dudas y temores andan sueltos sin control.

Además, tu mantra de tres palabras debe suscitar una reacción física y emocional. Deben resonar en ti de manera casi visceral. Pueden ser características que admiras en otros atletas, o rasgos necesarios para el éxito de los que siempre pensaste que carecías pero siempre quisiste. Por último, deben ser positivas.

A manera de ejemplo, aquí hay algunas palabras que mis atletas han usado en sus mantras.

- Persistente
- Confiado
- Indómito
- Autónomo
- Fuerte
- Eficiente

- Hábil
- Solo continúa
- Paciente
- Espíritu
- Voluntarioso

Basándote en las anteriores, tu mantra de tres palabras podría ser: «Fuerte, autónomo, persistente». O puede hacer una declaración, pero si haces eso recuerda que debe basarse también en tres palabras. Por ejemplo, tu mantra podría ser: «Soy fuerte, autónomo y siempre persistente». Dedica tiempo a confeccionar tu mantra. Experimenta qué sentimientos deseas y necesitas verdaderamente.

Cuando lo hayas encontrado, escríbelo con letras grandes. Estarás listo para combinarlo con el segundo elemento para el entrenamiento de la mente: un ritual.

2. Ritual

Estoy seguro de que ya antes has usado rituales en tu vida, ya sea en preparación para una prueba, una entrevista de trabajo o una carrera. También los has visto muchas veces, probablemente sin ser consciente de ello. ¿Cuántos atletas has visto que usan los mismos *short* o calcetas en una carrera? Eso es un ritual. ¿O a un *pitcher* que salta varias veces sobre la línea de *foul* antes de dirigirse al montículo? Ritual. En la época en que jugaba futbol americano, cuando me sentía mentalmente preparado para el juego, me ponía mi casco y no me lo quitaba sino hasta el silbatazo final. Ritual. Mientras esperaba una patada de despeje o de regreso, saltaba cinco veces con cada pie antes de la patada. Ritual.

Al igual que los mantras, los rituales nos ayudan a centrarnos, a concentrar la mente, a entrar en el flujo. Cuando se les combina con los mantras son aun más efectivos. Para crear tu ritual piensa en algo sencillo de hacer, discreto, que puedas realizar en cualquier momento y lugar sin distraerte o distraer a los demás, y que no requiera un esfuerzo extraordinario. Es posible que necesites realizar este ritual mientras estás corriendo o en un lugar donde haya mucha gente, en cualquier momento que sientas la necesidad de entrar en el flujo y de regresar tu conciencia al objetivo que te ocupa.

Yo parpadeo tres veces. Ese es mi ritual. Me gusta emparejar las tres palabras de mi mantra con los tres actos de mi ritual. Tú podrías darte tres palmadas en la pierna, chasquear los dedos, flexionar los dedos de los pies, cerrar y abrir el puño, rascarte la oreja tres veces. Cuando tengas tu mantra y tu ritual podrás agregar la visualización a esta poderosa pócima.

3. Visualización

Como sabes, creo firmemente en las ventajas de crear algo en la imaginación. Me sorprende que las personas no lo hagan con más frecuencia. Están desaprovechando una fuente de poder muy abundante.

Hay muchas maneras de usar la visualización. Empezaré con su capacidad para vincular emociones a nuestro mantra y a nuestro ritual, lo que incrementa su efectividad. Esto funciona porque la emoción es un poderoso motivador, tanto para el cuerpo como para la mente. De aquí en adelante me referiré a esta técnica de visualización como *encontrar tu estado de flujo*, porque eso es lo que te ayudará a lograr.

Visualización. Calentamiento para recorrer los senderos de tu mente

Mientras más practiques la visualización, mejor la harás. Además de visualizar para reforzar tu mantra y tu ritual, te recomiendo que lo hagas para fortalecer tu mente. Considérala un entrenamiento de fuerza y resistencia para el cerebro.

El mejor lugar para hacer tus visualizaciones es en casa, en una habitación tranquila y sin distracciones. Mi momento favorito del día es temprano por la mañana, cuando me siento más alerta, pero tú deberás encontrar el tuyo. A continuación describo un calentamiento, una práctica para visualizar los senderos de tu mente. Cierra los ojos, respira normalmente, y vuelve con tu mente a un momento de la semana anterior que haya sido significativo por alguna razón. Puede ser una carrera, una cena romántica, un festejo en el trabajo. Regresa a ese día como un observador. Presta atención al entorno físico y emocional. ¿Estás sonriendo o riendo? ¿Hay mucha actividad o está tranquilo? Revive ese momento. Ahora ve a otro día, que puede ser ayer. Ubícate en un momento específico de ese día. Míralo, siéntelo, escúchalo. Sigue avanzando por ese sendero de tu mente, pero ahora proyéctate hacia el futuro; visualiza lo que harás dentro de dos días, cómo te vestirás, a quién verás. Puedes concentrarte en esa larga carrera que planeas hacer con tus amigos. Haz que cobre vida. Finalmente, regresa al presente, a este momento. Abre los ojos.

Ahora bien, tu estado de flujo es un momento de tu pasado en que sentiste que tenías las cualidades descritas en tu mantra. Por ejemplo, un momento en que alcanzaste tu grado máximo de fuerza, autonomía y persistencia. Trata de recordar alguna época o suceso en que manifestaste dichas características. Que no te preocupe cuánto debas regresar en el pasado, siempre y cuando puedas recordar ese momento de manera vívida y detallada. Regresa a ese momento; cierra los ojos y sigue los senderos de tu mente hacia ese instante. Cuando estés ahí, revívelo. Hazlo tan real como sea posible. Recuerda todos los detalles que puedas para hacerlo lo más real posible. Escucha los sonidos; observa a las personas, la escena; experimenta este momento tal como ocurrió. Sobre todo, percibe qué bien te sentías contigo mismo. Siente cuán fuerte, autónomo y persistente fuiste en ese instante. Tómate todo el tiempo que necesites para estar ahí. Disfruta ese momento una vez más. Cuando estés ahí, nota cómo tus recuerdos suscitan emociones al revivir la experiencia. Nota cómo la visualización de algo que ocurrió en el pasado produce sentimientos reales e inmediatos en el presente.

Cuando puedas recrear de manera vívida este momento del pasado, cuando sientas en tu cuerpo las mismas emociones que experimentaste en ese momento, di tu mantra y haz tu ritual, todo al mismo tiempo. Hazlo varias veces si así lo deseas. Cuando sientas que es momento de concluir, vuelve lentamente desde aquel recuerdo hasta el presente.

Cada vez que repitas este ejercicio tu mantra y tu ritual se conectarán más firmemente con tu estado de flujo. Cuando tengas esta herramienta en tu arsenal podrás usarla en tu camino hacia tu hazaña increíble. La evocación de tu mantra y de tu ritual, así como el recuerdo de esa fuente de sentimientos positivos, te distraerá de tus temores y te recordará que son solo creaciones de tu imaginación. Cuando hayas superado esos miedos podrás reconcentrarte en tu objetivo y en el momento presente. Ahora tienes esta capacidad de ser exactamente como quieres ser y de actuar cada vez que lo necesites.

Cuando las cosas se pongan difíciles, cuando pienses lo peor acerca de ti mismo y quieras renunciar a tus sueños, reconéctate con este estado de flujo mediante el mantra y el ritual. Y no tienes que usarlos solo en estas «grandes encrucijadas»; puedes echar mano de esta técnica cada vez que necesites reanimarte mental o físicamente durante una carrera, una sesión de entrenamiento, o simplemente a lo largo de tu día. Usa todo al mismo tiempo: mantra, ritual, sentimiento, y estarás listo para actuar.

Ya estás listo para usar la visualización para entrenar tu mente y prepararte para los diferentes retos y situaciones del día con día. Es probable que uses esta técnica de visualización más que ninguna otra. Yo así lo hago. Es la clave para alcanzar el desempeño que deseas.

Por ejemplo, imagina que tienes una carrera en puerta. Si se trata de un evento importante, yo dedicaría un tiempo todas las noches durante la semana previa al evento a esta técnica de visualización. Acostúmbrate a usarla y a hacerlo bien. Por otra parte, puedes hacer este tipo de visualización en cualquier momento, incluso inmediatamente antes de la prueba, cada vez que necesites tener un buen desempeño.

Déjame guiarte en una práctica que puedes utilizar todas las noches antes de una carrera. Cierra los ojos; cierra de nuevo los senderos de tu mente hacia la carrera en el futuro. Empieza con la noche anterior. Mírate tomando una buena cena y preparándote para acostarte. Mírate mientras te quedas dormido. Observa todos los detalles que puedas. Mírate despertando en la mañana de la carrera. ¿Qué hora dice el reloj? Siente cómo te levantas de la cama con energía y tranquilidad, con un sentimiento cálido y vibrante de salud. Mírate comiendo tu alimento previo a la carrera. Percibe exactamente cómo te gustaría sentirte esa mañana: un poco ansioso y nervioso. Sonríe y di para ti: «Perfecto».

Ahora estás vistiéndote para la carrera, poniéndote tus *short*, tu camiseta, tus zapatos, atando firmemente las agujetas. Mira cómo vas calentándote. Siente las profundas inhalaciones de aire en tus pulmones, que despiertan a tus músculos. Crea todo exactamente de la manera en que quieres que ocurra y que se sienta. Mírate en la línea de salida, saltando una y otra vez para mantenerte caliente. Escucha el disparo de la pistola. Siente cómo tu cuerpo se mueve por primera vez para correr con fuerza, velocidad y seguridad. Mírate a cada paso de la carrera. Imagina una complicación, un momento en que sintieras las piernas débiles, la respiración dificultosa, y quisieras bajar la velocidad o incluso detenerte. Entonces ve cómo respondes, cómo detienes esos pensamientos negativos, cómo usas tu mantra y tu ritual para encontrar el flujo y seguir avanzando, mejor y más fuerte que antes. Llévate por cada parte de la carrera, y hazla lo más real que sea posible. Escuchas las porras del público, ve la línea de meta y tu tiempo en el reloj. Te sientes cruzando la meta, logrando el resultado que querías, con los brazos en alto y una sonrisa surcando tu rostro. Siente ese éxito, mira tu éxito, crea tu éxito. Ahora abre los ojos. Estás listo. Tu cuerpo y tu mente están entrenados en ese día futuro y pueden encontrar esas huellas que visualizaste y seguirlas.

Si sientes que te quedas atascado en algún momento de tu visualización, empiézala de nuevo. Esto es normal. Puede decirse que estás viendo una película de ese evento futuro; a veces hay que poner pausa, bajarle la velocidad o acelerarla para ver y encontrar todos los detalles. Lo importante es que no dejes de practicar y que confíes en que cada vez lo harás mejor. Una vez que compruebes su poder recurrirás a ella una y otra vez.

Pasemos ahora a la gran visualización, la de tu hazaña increíble. Desde el día en que concibas tu hazaña increíble hasta las semanas, meses o incluso años que necesites para cumplirla, vuelve a verla en tu imaginación una y otra vez. Mírate preparándote para ella. Mírate siguiendo el recorrido paso a paso. Deja que tu mente divague en todas direcciones alrededor de tu hazaña increíble. Ubícate justo en el día en que la lograrás. Reconoce exactamente cuándo la lograrás. Siente esa euforia. Luego regresa al presente. Abre los ojos y toma conciencia de lo más importante: tu hazaña increíble está ahí para acompañarte a cada paso del camino.

Atletismo = conciencia

Ya casi llegamos al inicio del sendero. ¿Escuchas el murmullo de la corriente? Es un sonido hermoso, ¿no? Ahí está el árbol caído por el que cruzamos el río en nuestro camino de subida. Pisa con cuidado al bajar; siempre mira a donde quieres ir, no a donde no quieres ir. No necesitamos ahora un chapuzón frío, aunque tal vez pienses que podría ser refrescante. Hiciste un descenso rápido. Fue otra buena carrera.

Conciencia. El elemento fundamental de todo —desde nuestra filosofía hasta los métodos para entrenar la mente— es la conciencia. Toma conciencia de tus pensamientos, de tus temores, de manera que puedas concentrarte en el logro de tus objetivos. Toma conciencia de la influencia de tu pasado, ya sea buena o mala. Toma conciencia de las voces en tu mente para evitar que te hagan perder el rumbo. Toma conciencia del futuro, de lo que quieres de él, de lo que quieres en él. Toma conciencia de los momentos en que necesites usar tus mantras y rituales. Toma conciencia de lo que ves y de lo que puedes crear en tu imaginación.

Toma conciencia para que puedas estar en el flujo y el mundo pueda abrirse a todas las posibilidades, en el rango del atletismo o en todo lo demás. Lo único increíble sería que fracasaras.

9

TU HAZAÑA INCREÍBLE

ES TU SÉPTIMO y último día en Jackson Hole. La semana se pasó volando. Te he dado un montón de información, lo sé. Espero que te hayas divertido. Espero que hayas encontrado un camino para ti como corredor y tal vez en otros aspectos de tu vida también.

Pero antes de que te vayas, hagamos una última carrera. La haremos al paso que tú quieras. Vamos a volver al Parque Nacional Grand Teton y tomaremos un camino de grava que atraviesa un prado de artemisas. Aquellos arbustos, cuando se secan y se arrancan, son las plantas corredoras que se ven en las películas del oeste, cruzando la calle principal antes de un gran duelo. Sí, son de verdad.

Llegamos a un pequeño terreno cerca de donde empieza el sendero de Lupine Meadows. Esa cima serrada y gigantesca que se ve ahí es el Grand Teton, de más de 4 000 metros de altura. Este es el sendero que toman los alpinistas para alcanzar la cumbre. Algunos incluso suben en un día. No es imposible, siempre y cuando subas la vertical de 7 000 metros a paso acelerado. Allá arriba el aire está muy enrarecido. No obstante, la mayoría lo hace en dos días; pernoctan en el paso que separa el Middle Teton del Grand Teton y suben a la cima al día siguiente.

Es temprano, así que podríamos ir hasta la cima, si tú quieres. No me mires así. Solo dije que no es imposible.

Y es mejor hacerlo ya porque los Tetons siguen creciendo. Cada cien años aumentan más o menos una pulgada de altura debido al choque de las placas que están bajo nuestros pies, una de las cuales sube y la otra baja. Se me ocurre que aquí hay una metáfora interesante sobre cómo las grandes elevaciones surgen desde la base, pero dejaré que tú la descifres.

Sigamos adelante. Corremos por el sendero que se mete por entre los árboles. «¿Y si nos encontramos otro oso, uno más grande que aquel cachorro», me preguntas. Olvidé el repelente de osos pero traje la cámara. Tomaré fotos. Tú te ríes.

Cruzamos un puente. Espera. Del otro lado está una pequeña sorpresa: Margot. No te dejes engañar por su aspecto. Esa delgada mujer de poco menos de 50 años y madre de cinco hijos, de cabello rubio y ralo, y hermoso rostro, es una triatleta de hierro que ha clasificado para varios campeonatos mundiales. Como comprobarás cuando corramos todos juntos por el sendero, en verdad está hecha de hierro.

Como durante toda la semana toda la enseñanza ha recaído sobre mis hombros, pensé que disfrutarías un pequeño cambio, como conocer a alguien que ya ha completado su entrenamiento conmigo. Como siempre, hablamos mientras corremos. Los primeros kilómetros son fáciles y nos permitirán hacerlo sin problemas.

Margot comienza a contarte su historia. En San Luis, poco después del nacimiento de su quinto hijo, empezó a correr en un intento de aliviar la depresión posparto. Al poco tiempo emprendió el entrenamiento para su primer triatlón. Era una mujer competitiva por naturaleza. Luego Margot y su familia se mudaron a Idaho. Un gran cambio a una pequeña ciudad. Un cambio de vida, un cambio de estilo. Una aventura.

Continuó corriendo pero cada vez sentía más dolor, particularmente cuando lo hacía en montaña. Fue entonces cuando nos conocimos, pero poco después se lesionó. Los ligamentos de su tobillo derecho se habían desgarrado debido a una antigua lesión que había sufrido en la universidad. Luego la operaron. Margot no sabía si volvería a correr, mucho menos si competiría de nuevo.

«Quise intentarlo, así que me puse completamente en manos de Eric», te cuenta Margot. Antes de la cirugía había entrenado un poco conmigo, pero seguía usando plantillas, zapatos grandes y entrenaba siguiendo un programa que le había vendido el empleado de una tienda de deportes de San Luis.

Después de la cirugía empezó de cero, cojeando con muletas. «Empezamos fortaleciendo el pie, haciendo los ejercicios con la tabla inclinada, lenta y pacientemente. A Eric le encanta su tabla inclinada». Se quitaba las botas ortopédicas antes del entrenamiento y se las ponía al terminar. Cuando varios meses después hizo su primera carrera usando zapatos sin desnivel, sintió en los pies una estabilidad que nunca antes había experimentado. Fue el primero de varios momentos trascendentales.

«Luego, Eric y yo trabajamos en mi forma en la pista de carreras, y eliminamos mi hábito de dar zancadas demasiado largas, en el cual yo nunca había reparado».

Su eficiencia para correr se incrementó. Luego vino la cimentación estratégica para el corredor.

«Al principio no me gustaba usar el monitor de frecuencia cardiaca», nos cuenta. «Yo lo único que quería era salir a correr».

Aunque el programa fue difícil y requirió mucha disciplina, los rangos y la diversidad de ejercicios finalmente resultaron divertidos. Ella sentía cómo se volvía más fuerte y rápida, y esto le permitía correr por más tiempo y mejor de lo que jamás lo había hecho.

«No es algo que puedas ver todos los días», te dice. «Pero con el tiempo, la mejoría se hace más que evidente».

Las pendientes empiezan a hacerse un poco más pronunciadas. Puedes sentirlo en tus piernas y en tus pulmones. La dificultad aumenta, pero Margot sigue hablándote sin mayor esfuerzo desde atrás, animándote a seguir».

«Al final todo se resuelve para bien. Yo tuve un entrenamiento trascendental en el que cubrí una distancia que nunca había alcanzado con tal velocidad y relajación. Fue como si estuviera corriendo en el aire y sentía que todo estaba bien. Ten fe; algún día experimentarás lo mismo».

El asunto de la alimentación y de la desintoxicación de veinte días, te platica, no fueron fáciles para ella.

«Soy adicta al azúcar, lo admito, y todavía estoy trabajando en eso», te dice, pero ahora ya tiene mucha más conciencia de lo que come y eso es un gran avance.

Luego te habla de la conciencia, del entrenamiento de la mente. «Al principio yo no tenía conciencia, cero, pero ahora ya estoy muy consciente». Uno de sus mantras de tres palabras es: «Relájate. Ejecuta. Persiste». Cada vez que su seguridad flaqueaba, que se preguntaba si podría terminar esa carrera de entrenamiento o ese ejercicio de fuerza, repetía su mantra, ritual, emoción. Y *¡bum!*, «La negatividad desaparecía y yo volvía al flujo».

Margot te cuenta que ocho meses después de su cirugía participó en un triatlón y calificó para los campeonatos mundiales. Tú volteas, incrédulo. Ella sonríe ampliamente. Está diciéndote la verdad. Desde entonces compite en certámenes de alto nivel. Pero ahora está pensando en tomar un rumbo diferente; quiere llevar su atletismo, su fortaleza, por nuevos derroteros. Quiere participar en la carrera «de punta a punta a punta» del Gran Cañón. Además, quiere escalar el Grand Teton. Esa es su nueva hazaña increíble, y hoy está entrenando justamente para eso.

«Buena suerte con las tuyas», te dice. Luego hace un gesto de despedida y toma el sendero rumbo al lago Surprise. Qué fuerza, qué velocidad. Margot se pierde entre los árboles antes de que puedas darle las gracias.

Espero que este encuentro con Margot haya sido provechoso para ti. Ahora tú y yo iremos hacia el Garnet Canyon, el camino hacia el Grand Teton. Reduces tu velocidad y empiezas a caminar. El aire se enrarece. Ya ascendiste dos mil pies de vertical, más de la mitad a paso de carrera. Bien hecho. Tal vez quieras correr más cuando estemos más adelante, pero por ahora caminaremos hasta donde creas conveniente.

Seguimos varios recovecos que nos ofrecen una vista perfecta del lago Taggart, en la base del cañón. Se escucha el llamado de un alce; allá abajo entre los árboles es temporada de apareamiento. Una hora más tarde nos aproximamos al Garnet Canyon, a más de 3 000 metros de altura. El South Teton se alza amenazante a nuestra izquierda. Ese risco escarpado que se ve a la derecha es parte del Gran Teton, pero desde este lugar no se alcanza a ver la punta. Pero no te preocupes. Está ahí, esperando a que lo alcances cuando estés listo. Por ahora estamos en este tramo del ascenso, en un sendero lleno de piedrecillas redondas que han caído de la ladera de la montaña. Mantente en el flujo.

Aquí es donde quiero darte el gran discurso, justo antes de que tomes este sendero a donde sea que quieras que te lleve. No puedo prometerte grandilocuencia, pero puedes estar seguro de que lo que digo, lo digo en serio, y de que creo en ello con cada célula de mi cuerpo. En mi vida trato de poner en práctica lo mejor que puedo estas palabras.

Sube a esta roca conmigo. Ten, toma mi mano, te ayudaré a subir. Siéntate. Percibe cuánta tranquilidad. Al principio parece callado pero luego empiezas a escuchar los sonidos, todos naturales: la corriente que pasa sobre las rocas, el viento, las aves, el estruendo de una tormenta en la distancia. Pero nada de esto puede percibirse si no está uno consciente. A las montañas no les interesa qué clase de corredor eres, un ultramaratonista, campeón de la carrera de 10 kilómetros o un principiante. Aquí arriba todos somos iguales. A la montaña no le importa hasta dónde llegues.

Cada paso del camino hasta este punto, más de 900 metros de altura, fue hermoso, y cada uno diferente. Treinta y dos kilómetros abajo pensaste que los lagos eran demasiado maravillosos para ser descritos con palabras; luego tomaste un recoveco y desaparecieron, pero entonces se te presentó otro paisaje: el cañón bajo la luz brillante del sol. Otro recoveco. Ahora fue la cima del Middle Teton enmarcada por las nubes. Nuevos paisajes, nuevas perspectivas. En el camino de regreso sucederá lo mismo.

Quiero que recuerdes este día. Percibe cuán libre te sientes en este momento, cómo todo es grande, expansivo, amplio. Siente cómo todo parece posible, al alcance de tu mano. Este sentimiento puede estar contigo cada vez que lo necesites. Atesóralo. Guárdalo en tu mochila y llévalo a donde quiera que vayas. Cuando hayas creado tu hazaña increíble así es como quiero que te sientas. Visualiza este día y echa mano de este sentimiento.

Mientras estamos sentados aquí, quiero que empieces a comprender cuán maravilloso es saber que tienes la capacidad de vivir libremente y de crear cualquier cosa que quieras para el futuro. Con la creación viene la emoción, la felicidad. Siente qué divertido e increíblemente genial es pensar más allá de tus sueños más descabellados. De eso se trata la hazaña increíble, de crear esa experiencia y simplemente dejarse llevar por ella. En cada día, en cada carrea, puedes sentirte de este modo si llevas contigo este recuerdo de la montaña, ese sentimiento que tienes ahora de que puedes hacer cualquier cosa.

En esta libertad nuestra mente explora sin inhibiciones, sin prejuicios. ¿Entiendes lo que quiero decir? Puedo verlo en tu rostro. Te sientes casi avergonzado de sentirte así, pero no te contengas. Sigue adelante, crea esa fantasía, diviértete, haz que crear lo increíble sea como un juego. De eso se trata la vida. Sigue ascendiendo.

En este momento el fracaso es imposible. Veo que casi esbozas una sonrisa de superioridad porque empiezas a tener esos pensamientos locos y creativos. Déjate llevar; ve a donde te llevan. He sido tu guía; ahora deja que la montaña lo sea. Ve sin temor a donde te lleve tu mente, no te hará perder el rumbo. Aquí arriba en la montaña no hay pensamientos, solo una cantidad infinita de hazañas por explorar. El sendero irá cambiando conforme avances; habrá tramos rocosos, llanos, sinuosos, escarpados. Que así sea. Después de todo, los temores son necesarios y nos indican que vamos por el camino correcto.

Si sabes que los miedos se presentarán, su impacto se ve reducido. Tú puedes decidir dejarlos de lado. Nota cuán fuerte te hace sentir esto. Ya no necesitas seguridad porque tienes conciencia. Ya no necesitas más habilidad porque ahora puedes tomar la decisión de ser un atleta. Después de todo, es solo una elección y tú sabes que puedes tomarla. Eso es todo lo que necesitas aquí en las montañas. Puedes elegir ser exactamente el tipo de corredor y de persona que quieres ser. No importa dónde vivas, no importa cuál sea tu trabajo, no importa cuál sea tu experiencia como corredor, ensueña lo increíble, atesora la disciplina requerida para lograrlo e inténtalo.

Pero he aquí la verdad tal como yo la veo: llevar a cabo tu hazaña increíble es maravilloso. Si lo logras, fantástico. Coloca el trofeo en la repisa, manda montar la medalla, enmarca tu foto cruzando la línea de meta. Pero el logro de ese objetivo no es lo que te hará feliz, por lo menos no en el largo plazo. Tendrás una sensación de triunfo pero será efímera. He perdido la cuenta del número de maratonistas que he entrenado y que se sienten deprimidos tan pronto completan su primer maratón de 80.5 kilómetros. ¿Sabes por qué?

Porque lo que nos hace felices es el ascenso, aquel en el que seguimos un plan día con día, disciplinadamente. Concentrarse en la forma, hacer los ejercicios en el disco de estabilidad, levantarse y realizar las carreras programadas, concentrarse en los temores presentes y aplacarlos, disipar los pensamientos de éxito o de fracaso y vivir en el presente, aquí y ahora y en el flujo: ahí está la felicidad. Una vez que lo experimentes, que seas consciente de cuánta felicidad te da el ascenso, querrás hacerlo más y más.

Muy pronto realizarás una hazaña increíble y querrás lograr otra aún más increíble solo para sentir lo mismo una vez más. Dejarás atrás los «¿Podré hacerlo?» y los remplazarás con «¿Podré hacerlo hoy?». Y la respuesta es sí. Al igual que Margot harás «lo que se requiere». Sí, gracias a la disciplina, porque la disciplina representa el desempeño máximo, pero también la libertad máxima gracias a la felicidad embriagante que proporciona.

Me quedo callado. El discurso terminó. Juntos atravesamos un tramo de rocas enormes, trepando y bajando trabajosamente una y otra vez en ese rompecabezas colosal de piedras. Del otro lado continúa el sendero, que ahora sigue su camino zigzagueante hacia una cordillera bajo la sombra del Middle Teton.

En vez de seguir adelante me agacho y bebo de la corriente montañosa que pasa a nuestra izquierda. Tomo pausadamente grandes tragos de agua. Tú me sigues una vez más y haces lo mismo.

Luego me pongo de pie, te doy una palmada en el hombro y digo: «Continúa. Sigue ahora sin mí».

Tal vez te sientes un poco reacio a continuar, tal vez un poco impaciente por hacerlo. Tal vez ambas cosas. Pero emprendes la marcha en busca de tu hazaña increíble, ya sea a la cima del Grand Teton o más allá. Exige lo increíble. Diviértete. Mantente en el flujo.

ÍNDICE